Simone de Beauvoir

시몬 드 보부아르 / 강초롱

<컴북스이론총서>는
현대를 호흡하는 사상가들을 소개합니다.
단순한 사상의 축약, 해제가 아닙니다.
해당 사상가를 연구해 온 전문가가 직접
사상가의 핵심 키워드 10개를 뽑아 해설하고 비평합니다.
인간과 비인간, 현실과 가상, 문화와 야만의
경계를 넘나드는 모든 사상을 싣겠습니다.
오늘을 살아가는 모든 이의 나침반이 되겠습니다.

컴북스이론총서

시몬 드 보부아르

강초롱

대한민국, 서울, 커뮤니케이션북스, 2024

시몬 드 보부아르

지은이 강초롱
펴낸이 박영률

초판 1쇄 펴낸날 2024년 9월 6일

커뮤니케이션북스(주)
출판 등록 제313-2007-000166호(2007년 8월 17일)
02880 서울시 성북구 성북로 5-11
전화 (02) 7474 001, 팩스 (02) 736 5047
commbooks@commbooks.com
www.commbooks.com

ISBN 979-11-288-9924-9 04100

책값은 뒤표지에 표시되어 있습니다.

"난 우선적으로, 그리고 단연코 작가입니다!"

시몬 드 보부아르(Simone de Beauvoir, 1908~1986)는 장 폴 사르트르(Jean-Paul Sartre, 1905~1980)와 더불어 프랑스 실존주의 진영을 대표하는 작가이자 철학자다. 하지만 반세기를 훌쩍 넘는 기간 동안 운명적 사랑이자 지적 동반자로서 보부아르 곁을 지켰던 사르트르의 그늘에 가려, 보부아르의 실존주의 사상이 지닌 독창성은 오랫동안 제대로 조명받지 못했다. 실제로 한동안 사르트르 연구자들 대부분은 사르트르가 보부아르에게 끼친 일방적 영향력만을 주로 언급해 왔다. 심지어 보부아르 연구자들 중에도 그가 사르트르의 추종자에 불과하다고 보는 이들이 있다. 이러한 시각이 오랜 기간 대세를 이룬 결과, 보부아르가 수십 년에 걸쳐 독립적으로 쌓아 올린 사상과 문학적 업적은 1990년대 이전까지 오해 또는 몰이해의 대상이 되기 일쑤였다.

성차별적 편견의 희생자

이러한 시각이 대세를 이루게 된 데에는 보부아르가 본인 스스로 독립적 철학자임을 인정하지 않는 듯한 발언을 공개적으로 남겼던 것 또한 중요 요인으로 작용했다. 여러 사례 가운데 우선 첫 자서전인 ≪어느 견실한 소녀의 회고록(Mémoires d'une jeune fille rangée)≫(1958)에 등장하는, '메디치 분수 일화'에 대한 서술을 대표적 예로 들 수 있다. 이 일화에 따르면 보부아르는 1929년에 파리 뤽상부르 공원의 메디치 분수 옆에서 존재, 실존, 필연성, 자유 등을 주제로 사르트르와 대화를 나누던 중 난생 처음 누군가에게 지적으로 압도되는 느낌에 사로잡힌다. 다원적 윤리에 관한 자신의 생각이 지닌 허점을 사르트르가 날카롭게 지적했던 것이다. 그 결과 보부아르는 스스로가 "특별한 사람도, 제일 뛰어난 사람도 아니라는 깨달음"을 얻고는 자신의 "진정한 지적 역량"에 대한 회의에 급작스레 빠져든다(Beauvoir, 1958: 342-343). 보부아르를 사르트르의 제자로 간주하던 이들은 자신들의 시각이 옳다는 것을 보부아르 본인이 증명해 준 사례로 이 메디치 분수 일화를 받아들였다. 이 외에 보부아르는 두 번째 자서전 ≪한창나이(La Force de l'Âge)≫(1960)에서 본인이 "창의성"이 부족한 철학자에 해당한다고 말하기도 하고(Beauvoir, 1960: 228), 알리스 슈바르처(Alice Schwarzer)와 진행한 인터뷰에서 자신을 철학 분야에서는 사르트르의 제자로 보아도 무방하다는 의견을 피력하기도 하는 등(Schwarzer, 1984: 113) 이러한 시각에 힘을 실어 주는 발언을 직접 남긴 바 있다.

그 결과 한동안 세간의 관심은 독립적 작가이자 철학자로서 보부아르보다는, 남다른 삶을 영위했던 '여자'로서 보부아르에게 집중되었다. 보부아르의 작품이 대중적으로 인기를 끌 수 있었던 것은 사실 이러한 세간의 관심 덕분이기도 했다. 일례로 출간과 동시에 선풍적 인기를 끌었으며 오늘날까지 많은 사랑을 받고 있는, 보부아르의 첫 장편 소설인 ≪초대받은 여자(L'invitée)≫(1943)는 보부아르가 사르트르와 올가 코사키에비치(Olga Kosakievicz)라는 젊은 여인과의 삼각관계 속에서 실제로 겪은 경험담을 바탕으로 하고 있다는 점에서 수많은 독자들의 관심을 끌었으며, 지금도 그러하기는 마찬가지다. 소설 내용과 작가의 실제 경험 간 유사성 때문에 상당수 독자는 그자비에르(Xavière)라는 젊은 여인을 향해 주인공 프랑수아즈(Françoise)가 느끼는 소유욕, 질투, 증오 등의 감정이 올가에 대한 보부아르의 복잡한 감정을 그대로 반영하고 있다고 간주해 왔다. 그 결과 ≪초대받은 여자≫가 실존에 관한 보부아르의 철학적 사유를 담고 있는 형이상학 소설이라는 점은 간과되기 일쑤였다. 이 작품이 오늘날까지도 대중적으로 가장 많이 읽히는 보부아르의 문학 작품 중 하나로 손꼽히는 까닭은 아마도 이 자기반영적 측면 때문이리라.

보부아르의 작품 가운데 이러한 현실에서 가장 자유롭지 못한 것은 아마도 자서전 장르에 속한 작품들일 것이다. 보부아르는 자서전 쓰기를 "자신의 뒤편에 기억의 형태로 간직하고 있는 사건들을 새롭게 창조해 내는", 즉 "기억을 다시 꺼내어 새롭게 살려 내야만 하는, 진정한 창조적 작업을 요구하는 행위"로 규정한다(Beauvoir, 1966/1979: 451-452). 다시 말해 보부아르는 자서전 쓰기를 '있는 그대로의 사실'을 기술하는 행위가 아니라 자신의 경험이 지닌 의미를 해석하는 행위이자 삶의 진실을 '재구축'하는 창조적 '재현' 행위로 보았다. 하지만 이러한 입장에 바탕을 두고 있음에도 불구하고 보부아르의 자서전은 오늘날까지도 여전히 주로 그의 전기적 정보를 수집하기 위한 자료체로 활용되고 있다. 보부아르 사후에 출간된 일기나 지인들과 주고받은 편지가 대중적으로 인기를 끄는 이유의 상당 부분 역시 이러한 맥락과 맞닿아 있다. 자서전을 비롯해 일기나 편지 등과 같은, 소위 '자기에 대한 글쓰기(l'écriture de soi)' 영역에 속한 보부아르의 모든 글을 향한 세간의 관심은 주로 그 내용의 진위 여부를 따지는 쪽에 쏠려 있는 셈이다.

2019년 출간된 평전 ≪보부아르, 여성의 탄생(Becoming Beauvoir: a Life)≫의 저자인 케이트 커크패트릭(Kate Kirkpatrick)은 보부아르와 사르트르가 20세기를 대표하는 "지식 권력 커플"로서 위상을 함께 누려 왔으나 두 사람의 생애를 평가하는 방식은 언제나 "비대칭적"이어 왔다고 지적하면서, 이러한 현상이 기본적으로 젠더 간의 불평등한 권력 관계에서 기인하고 있다고 진단한다(Kirkpatrick, 2019/2021: 18). 커크패트릭에 따르면, 두 사람이 엄청난 위상을 누리게 된 것은 사르트르의 압도적 기여 덕분이며 보부아르의 경우에는 그저 커플 관계를 유지하는 정도의 기여만을 했을 뿐이라는 평가가 지금껏 주를 이뤘다. 커크패트릭은 두 사람을 향한 평가가 비대칭적인 것은 20세기 중후반 당시 프랑스 사회를 지탱하던 젠더 간의 불평등한 권력 관계가 오늘날까지도 두 방향에서 작동한 결과라고 진단한다. 젠더 간의 불평등한 권력 관계는 우선 이 커플을 바라보는 사회적 관점의 기본 방향을 결정지었다. 여성이 남성 못지않게 지적으로 획기적 성과를 내는 것이 근본적으로 불가능하다는 가부장제의 통념에 입각해 두 사람이 맺고 있는 관계의 본질적 특징을 섣불리 단정 짓게 했다.

이와 동시에 젠더 간의 불평등한 권력 관계는 그 통념의 피해자로 하여금 사회가 부여한 열등성을 자신의 본질로 직접 내재화하도록 하는 방식으로 작동하기도 했다. 타자화된 여성이 자신의 주체성을 스스로 부정하는 '자기부정' 혹은 그것을 공공연하게 드러내는 것을 주저하는 '자기검열'과 같은 심리 상태에 종종 빠지곤 하는 것은 바로 이러한 방식이 작동한 결과라 할 수 있다. 이는 ≪제2의 성(Le Deuxième sexe)≫(1949)에서 보부아르가 유년기부터 성년에 이르기까지 여성이 겪게 되는 체험을 순차적으로 따라가면서 직접 서술한 바 있는, 가부장제 사회 속 여성의 심리 상태기도 하다. 커크패트릭은 보부아르에게서 특히나 빈번하게 발견하게 되는 것은 후자, 즉 자기검열 상태라고 지적한다. 그러면서 그 사례로 일기나 편지와 같은 개인 기록물과 실질적 삶의 행보에서는 자신의 독창성을 옹호하는 입장을 취했던 보부아르가, 인터뷰처럼 공개적 발언이 이루어지는 자리에서는 이러한 입장을 드러내길 꺼렸다는 점을 든다. 커크패트릭에 따르면 이는 자신의 독창성을 주장하는 발언을 공개적으로 하는 것이 당대의 관습에 "도전"하는 행위가 될지도 모른다는 우려 아래 자기검열을 작동시킨 결과 발생한 이중적 행보라 할 수 있다(Kirkpatrick, 2019/2021: 22). 보부아르 또한 사회적 관습과 편견에서 자유로울 수는 없는, 가부장제 사회 속 여느 여성 중 한 명이었다는 것이다. 이러한 관점에 입각해 커크패트릭은 '메디치 분수' 장면을 다른 각도에서 읽어 내려 한다. 성차별주의 논리를 은연중에 내재화한 한 여성의 자기검열 심리가 표출되는 장면이자, 젠더에 따른 서로 다른 성장 환경이 만들어 낸 "자신감과 문화 자본의 격차"가 구체화되는 장면으로 말이다(Kirkpatrick, 2019/2021: 126).

≪제2의 성≫의 그늘

1949년 발표된 ≪제2의 성≫은 보부아르의 저서 가운데 전 세계적으로 가장 유명한 작품이다. 여기서 보부아르는 "여자는 여자로 태어나는 것이 아니라 여자가 되어 간다"라는 명제를 내걸고(Beauvoir, 1949b/1986b: 12) 이를 사실로 증명하기 위해 여성을 타자의 상황에 가두어 온 역사·경제·사회문화·심리적 요인을 전방위적으로 분석하려 한다. 그리고 이를 기반으로 남녀의 몸이 지닌 일반적 특징을 결정짓는 생물학적 조건만을 근거로 해서는 남녀가 불평등한 권력관계를 맺게 된 원인을 제대로 설명해 낼 수 없다는 주장을 설득력 있게 펼쳐 나감으로써, '생물학결정주의(le biologisme)'의 허구성을 성공적으로 폭로하기에 이른다.

보부아르가 이 책을 집필할 무렵이던 양차 세계대전 직후의 프랑스 사회에서는 "남성은 싸우고 정복하기 위해 만들어진 반면, 여성은 아이를 낳고 돌보기 위해 만들어졌다"라는 기치 아래 남녀를 전통적 성 역할 속에 고정하려는 가부장제의 억압적 흐름이 그 어느 때보다 강력한 힘을 발휘하고 있었다(Thébaud, 1992: 105-106). 이 사회가 보부아르의 주장을 사회에 전면으로 반하는 위험한 주장으로 받아들인 것은 지극히 당연한 결과였다. 실제로 당시 프랑스 지식인들은 좌파와 우파를 막론하고 ≪제2의 성≫의 출간 직후부터 극렬한 거부감을 표출했다. 우파를 대변하는 가톨릭 진영에서는 보부아르가 신의 섭리를 부정한 것은 물론이거니와, 성을 지나칠 정도로 적나라하게 묘사함으로써 풍속을 헤치고 있다면서 맹렬히 비난했다. 그 결과 ≪제2의 성≫은 당시 교황청에서 지정한 금서 목록에 이름을 올리기도 했다. 좌파 진영의 사회주의자들과 공산주의자들 역시 ≪제2의 성≫을 가차 없이 비난하기는 마찬가지였다. 특히 계급 해방이 자연스레 여성 해방을 도래케 할 것이라고 보았던 공산주의자들에게 계급 해방과 여성

해방을 따로 떼어 놓고 사고할 것을 주장한 보부아르의 입장은 결코 받아들여질 수 없었다.

그에 따라 프랑스 내에서 ≪제2의 성≫에 대한 진지한 논의가 이루어진 것은 이 책이 출간되고 나서 20여 년이 흐른 뒤인 1970년대부터였다. 1970년대를 화려하게 수놓았던 '여성해방운동(Le Mouvement de Libération des Femmes, 이하 MLF)'을 계기로 자신의 목소리를 본격적으로 높이기 시작한 페미니스트 진영에서 보부아르의 주장이 열렬한 동의를 얻은 덕분이었다. 실제로 오늘날까지도 페미니스트 진영 내에는 ≪제2의 성≫이 현대 페미니즘의 태동을 가능케 한 가장 기본적인 이론적 토대를 제공한 저서라는 데 폭넓은 공감이 굳건히 자리 잡고 있다.

그러나 보부아르 개인의 입장에서 보면 ≪제2의 성≫이 거둔 어마어마한 성공은 일종의 독으로 작용하기도 했다. 보부아르가 페미니스트이기 이전에 실존주의자였으며, ≪제2의 성≫이 페미니즘이 아니라 '실존주의적 윤리(la morale existentialiste)'에 입각한 사유의 결과물에 해당한다는 가장 기본적인 사실을 잊히게 했기 때문이다. 그 결과 보부아르의 사유는 실존주의적 윤리라는 본연의 맥락에서 떨어져 나와 페미니즘을 원류로 삼고 있는 것으로 재단되기에 이르렀으며, 그것이 지닌 의의와 가치 또한 주로 페미니즘의 틀 안에서 논의되는 사태가 발생하고 만다. 보부아르가 다양한 글쓰기 형식과 주제 아래 자신의 사유를 풀어냈던 작가였다는 사실 또한 간과되기 일쑤였다. 보부아르 본인도 어느 인터뷰에서 이러한 경향에 관해 다음처럼 비판의 목소리를 내기도 했다.

> 나는 소설, 철학, 사회 비평, 연극을 집필했습니다. 그런데도 사람들이 나에 관해 알고 있는 것은 ≪제2의 성≫이죠. 좋습니다, 그 책이 그토록 커다란 영향을 끼쳤다는 점에 난 만족해요. 하지만 난 사람들이 나를 작가로 인식하길 원합니다! 물론 페미니스트인 나로서는 페미니즘이 내 삶 속에서 지니고 있는 중요성을 부인하진 않아요. 그러나 난 우선적으로, 그리고 단연코 작가입니다!(Bair, 1991: 629)

감히 단언해 보자면, 페미니즘이라는 틀만으로는 보부아르의 사유를 온전히 이해하는 것은 불가능하다. 실제로 ≪제2의 성≫을 집필할 당시 보부아르에게는 페미니스트로서 자의식이 거의 부재했다. 공식 석상에서 보부아르가 처음으로 자신을 페미니스트라 칭한 시점은 ≪제2의 성≫을 발표하고 나서 16년이 흐른 뒤 프랑시스 장송(Francis Jeanson)과 인터뷰를 한 1965년이었으며(Jeanson,

1966: 258), 페미니스트로서 실천적 행보에 본격적으로 뛰어든 시기는 MLF의 일원으로 활동하기 시작한 1971년경부터였다.

≪제2의 성≫ 서문에서 보부아르가 직접 밝히고 있듯이 여성의 현실을 들여다보기 위해 그가 전적으로 택하고 있는 것은 "실존주의적 윤리의 관점"이다(Beauvoir, 1949a/1986a: 33). 실제로 보부아르는 인간 존재들이 갈등 관계를 넘어서 서로를 존중하면서 상생할 수 있는 가능성에 대한 탐구로 요약될 수 있는 실존주의적 윤리를 구체화하는 데 작가이자 철학자로서 평생을 바쳤다. ≪제2의 성≫은 바로 이러한 시도가 낳은 결실에 해당하며, ≪피로스와 키네아스(Pyrrhus et Cinéas)≫(1944), ≪애매성의 윤리를 위하여(Pour une morale de l'ambiguïté)≫(1947) 그리고 ≪노년(La Vieillesse)≫(1970)과 더불어 실존의 윤리에 관한 보부아르의 성찰을 담은 철학 에세이 중 하나다. 이 중에서 ≪제2의 성≫과 ≪노년≫은 보부아르의 사유가 추상적 담론 수준을 넘어 현실 세계의 실질적 변혁을 목표로 삼는 실천적 담론의 성격을 지니게 되었음을 보여 주는 결과물이라 할 수 있다. 이 두 저서보다 앞서 쓰인 ≪피로스와 키네아스≫와 ≪애매성의 윤리를 위하여≫의 내용이 실존주의적 윤리의 원론을 설명하는, 다소 추상적인 담론의 성격

을 지니고 있는 것과 달리 사실상 ≪제2의 성≫을 기점으로 보부아르가 집필한 철학 에세이에 속하는 글 거의 대부분은 실존주의적 윤리의 관점에 입각해 현실의 문제점을 짚어 내고 비판하는, 일종의 정치적 담론의 성격을 지니게 된다. 따라서 보부아르의 사유를 이해하기 위해서는, 혹은 적어도 ≪제2의 성≫에 담긴 사유를 제대로 이해하기 위해서라도 보부아르가 작가이자 철학자로서 평생을 걸고 천착했던 실존주의적 윤리를 대략적으로나마 파악할 필요가 있다.

실존주의적 윤리의 개척자

보부아르의 사유가 어느 정도 사르트르의 실존주의의 영향 아래 놓여 있다는 점은 부인할 수 없는 사실이다. 하지만 보부아르의 사유는 사르트르의 사상만으로는 온전히 설명할 수 없을 정도로 나름의 독창적 측면을 지니고 있으며, 그 덕분에 심지어 어느 부분에서는 사르트르의 사유에 자양분을 제공하기도 했다. 보부아르의 표현을 빌려 말해 보자면, 보부아르와 사르트르는 사제지간으로는 결코 환원될 수 없는 "일종의 상호 침투"라 할 만한 지적 교류를 통해 저마다의 사유를 발전시켜 나갔다(Schwarzer, 1984: 63). 공동의 사상을 발전시키는 동시에 그 안에서 자신만의 사상을 독자적으로 만들어 나가는, 융합과 독립의 공존 상태가 만들어 낸 '상호보완적' 관계. 상대방의 사상을 가장 정확히 이해하면서 그것이 지닌 허점에 대한 날카로운 비판을 서로 주고받을 수 있는 '지적 동반자'의 관계. 두 사람이 맺었던 상호 침투 관계는 바로 이렇게 요약될 수 있다.

실제로 보부아르와 사르트르는 실존주의라는 공동의 작업이 만들어 낸 결실을 토대로 실존에 대한 자신만의 독창적 사유를 각기 발전시켜 나갔다. 이와 관련해 제2차 세계대전이 발발했던 무렵부터 1940년대 중반까지, 약 10년 동안 두 사람이 각기 발전시킨 사상의 차이는 특히 주목할 만하다. 전쟁이 발발하기 전까지 보부아르와 사르트르는 개인의 자유에 절대적 가치를 부여하는 입장을 철저히 유지했다. "자유에 대한 사랑, 기존 질서의 거부, 개인주의, 장인의 방식에 대한 존중"에 입각한 일종의 "무정부주의자"를 자처했던 것이다(Beauvoir, 1960: 46). 이랬던 두 사람에게서 전쟁의 경험은 대략 두 가지 지점에서 인간에 대한 새로운 인식으로 이어졌다. 첫째, 인간은 개별적 자유로서만 존재하지 않으며 사회적이고 역사적 차원에 속하기도 한다. 둘째, 저마다 개별적 자유로 존재하기에 자기 자유의 우위를 점하는 문제를 놓고서 갈등을 벌일 수밖에 없는 인간들 간에 적대적 공존을 넘어 상생의 가능성을 창출할 수 있는 방식을 고민해야 할 필요가 있다. 하지만 이러한 공통의 자각에도 불구하고 두 사람이 택한 사유의 방향성은 사뭇 달랐다. 국내 사르트르 연구자인 변광배에 따르면 이 시기를 거치면서 사르트르의 관심은 존재론(l'ontologie)의 틀에서 벗어나 사회적·역사적 존재로서 인간을 이해하는 것을 목표로 한 인간학(l'anthropologie)으로 옮겨 가는 전회를 이룬다(변광배, 2023: 120).

그러한 사르트르와 달리 보부아르의 관심은 '세계 내 존재(l'être-dans-le monde)'인 인간이 타인과 맺을 수 있는 관계의 윤리적 모습을 밝히는 데 집중된다. 보부아르가 택한 이 사유의 방향성은 타인을 관념적 차원에 속하는 존재로만 인식하길 멈추고 내가 몸담고 있는 세계 내에 나와 마찬가지로 실재하는 자로 받아들인 결과였다. 즉 이는 마르틴 하이데거(Martin Heidegger)가 말한 바 있는 '공존재(Mitsein)'로서 관계를 나와 타인이 맺고 있다는 사실에 대한 생생한 자각의 결과였다. 보부아르는 이러한 전회를 타인과 상생할 수 있는 방법을 성찰하는 계기로 삼았다. 교수자격시험에 합격하고 경제적 독립을 이룬 1929년부터 제2차 세계대전이 끝난 1945년까지의 경험을 그리는 두 번째 자서전 ≪한창나이≫의 말미에서 실제로 보부아르는 다음과 같이 고백한 바 있다.

> 그로 인해 내게서 날개가 돋아났다. 이제부터 난 개인의 비좁은 삶 위로 날아올라, 공동체의 창공을 비행할 터였다. 내 행복은 지금 새로이 만들어지고 있는 어떤 세상에 관한 멋진 모험을 반영하게 되리라. 세상의 어두운 면을 잊지 않을 터였다. 내가 말한 바 있는 윤리론이 이를 직시하도록 나를 도와주었다. 삶이 어떤 의미를 간직하기 위해서는 모두와 연결된 상태에서 행동하고 투쟁하며, 죽기를 불사하라. 이 계명을 움켜쥐고서, 사람들의 탄식이 솟아나고 있는 어둠을 극복하리라.(Beauvoir, 1960: 614)

전쟁의 경험은 실존주의와 윤리론을 접목시키려는 시도에 본격적으로 돌입하도록 보부아르를 이끌었다. 이렇게 보부아르는 본인 스스로 일명 "윤리의 시기"라고 불렀던 시기에 들어선다(Beauvoir, 1960: 561). 그리고 이 시기를 거치면서 철학 에세이 ≪피로스와 키네아스≫, ≪애매성의 윤리를 위하여≫, ≪제2의 성≫과 소설 ≪타인의 피(Le sang des autres)≫(1945), ≪모든 인간은 죽는다(Tous les hommes sont mortels)≫(1946) 그리고 희곡 ≪군식구

(Les bouches inutiles)≫(1945), 이렇게 총 여섯 가지 글을 발표하기에 이른다.

보부아르가 새로운 사상적 모험을 위한 계명으로 삼고 있는 문장에 담긴, "모두와 연결된 상태에서"라는 표현을 개별적 자유의 포기를 의미하는 것으로 받아들이지는 말도록 하자. 이후 조금 더 구체적으로 설명하겠지만, 보부아르가 추구했던 상생은 별개의 의식으로 존재하던 개개인이 '우리'라는 집단 속에서 용해되어 개별성을 상실한 채 하나의 단일한 모습으로 존재하는 상태를 의미하지 않기 때문이다. 오히려 그와 정반대다. 상생은 개별성과 보편성이 끊임없이 충돌하고 긴장 관계를 유지하는 가운데 개별자들이 저마다의 자유를 구현할 수 있는 공동의 기획을 모색할 수 있는, 일견 모순되어 보이는 두 가지 가능성이 공존하는 상태라 할 수 있다. 우리는 이 책의 본론에서 보부아르가 말하는 상생 개념이 개별성과 보편성이 맺고 있는 복잡다단한 관계에 대한 성찰을 그 토대로 삼고 있음을 목도하게 될 것이다.

사르트르 또한 윤리의 문제에 전연 관심이 없었던 것은 아니다. 실제로 사르트르는 인간을 존재론의 틀 안에서 이해하려는 시도를 담고 있는 ≪존재와 무(L'être et le néant)≫(1943) 말미에서 존재론과 윤리론 간의 접목 가능성을 향후

고찰해 보겠다는 포부를 일찍이 드러낸 바 있다(Sartre, 1943/1976: 676). 1945년 파리에서 열린 한 강연회에서 발표한 "실존주의는 휴머니즘이다(L'existentialisme est un humanisme)"라는 글은 사르트르가 자신의 포부를 실천으로 옮긴 첫 결과물이라 할 수 있다. 이 강연문에서 사르트르는 실존주의를, 나의 자유와 타인의 자유가 서로 연결되어 있으며 그렇기에 인간은 자기 자신만이 아니라 타인에 대한 책임감 역시 지녀야 한다는 점을 이야기하는, 진정한 의미의 휴머니즘적 가치를 추구하는 윤리적 담론으로 규정하려 한다. 그러나 아쉽게도 대중을 대상으로 한 강연문으로 쓰인 이 글에서 사르트르는 실존주의와 윤리론 간의 상관성을 다소 추상적인 방식으로 선언하는 데 그치고 만다. 더욱이 아쉬운 점은 1947년부터 1948년까지 사르트르가 실존주의가 내포하는 윤리론으로서 가능성을 체계적으로 설명하려는 작업에 본격적으로 착수하기는 했으나, 그 작업이 결국 미완성 상태로 끝나고 말았다는 점이다. 사르트르가 미완의 상태로 남긴 글은 ≪윤리를 위한 노트(Cahiers pour une morale)≫라는 제목을 달고서 그의 사후인 1983년에 이르러서야 출간되었다.

이러한 사실은 사르트르가 윤리의 문제에 관한 성찰을 끝까지 밀고 나가지 못했음을 보여 준다는 점에서도 중요하지만, 동시에 적어도 윤리의 문제에서만큼은 사르트르가 보부아르의 영향력 아래 놓여 있었음을 보여 준다는 점에서도 중요하다. 즉 두 사람이 지적인 상호 침투 관계를 맺고 있었음을 보여 주는 근거로서 중요성을 띤다. 이와 관련해 ≪윤리를 위한 노트≫는 특히 주목할 만하다. 이 저서에서 사르트르는 ≪존재와 무≫에서 인간의 존재론적 원리를 이루는 것으로 제시했던 몇 가지 주요 개념을 윤리의 맥락에서 다시 설명하려는 시도를 선보인다. 예를 들어 '회심(la conversion)'이나 '진정성(l'authenticité)' 등과 같은, ≪존재와 무≫에서는 그리 중요하게 다루지 않았던 개념에 중요성을 부여한다. 더 나아가 이 과정에서 '포용성(la générosité)'과 같은 개념을 아예 새로운 의미를 지닌 것으로 재정의하기도 한다. 사르트르가 ≪윤리를 위한 노트≫를 집필하기 시작한 시점이 보부아르가 실존주의적 윤리의 핵심을 담은 ≪애매성의 윤리를 위하여≫를 출간한 1947년이었다는 사실은, 사르트르가 보부아르의 사유에 영향을 받아 이러한 입장 변화를 보이게 된 것은 아닌가라는 짐작을 가능케 한다. 실제로 두 글을 비교해 읽어 보면 이러한 짐작이 틀리지 않았음을 보여 주는 대목을 여럿 발견할 수 있다. 사르트르가 ≪애매성의 윤리를 위하여≫에서 보부아르가 제시했던 내용을 수용해 회심, 진정성, 포용성 등과 같은 개념을 윤리적 맥락에서 다시금 설명하고 있다는 사실을 분명히 인지할 수 있기 때문이다.

사르트르에게 끼친 보부아르의 영향력과 관련해서는 ≪윤리를 위한 노트≫ 외에도 ≪성자 주네(Saint Genet)≫(1952) 역시 언급할 만한 사례에 해당한다. 프랑스 작가인 장 주네(Jean Genet, 1910～1986)에 관한 기념비적 비평서라고 평가받는 이 저서에서 사르트르는 자신에게 주어진 비천한 운명에 순응하는 대신 이 운명을 자유에 입각해 새로이 전유하려 노력한 자, 즉 윤리적 실존으로의 '회심'을 이룬 자의 표본으로 주네를 규정한다. 그리고 주네가 작가로 재탄생한 것과 그가 남긴 문학 작품이 그러한 회심이 낳은 소중한 결실에 해당한다고 평가한다. ≪윤리를 위한 노트≫에서 메모의 형태로 기술된 데 그쳤던 회심 개념이 사르트르의 사유를 지탱하는 핵심 개념으로 등장하고 있다는 점에서, 이 저서는 사르트르에게 끼친 보부아르의 영향력을 다시 한 번 상기시킨다. ≪애매성의 윤리를 위하여≫에서 보부아르가 실존을 윤리적 수준으로 끌어올리기 위해 반드시 전제되어야 한다고 주장하면서 중요하게 다룬 개념이 바로 이 회심이기 때문이다.

더 나아가 회심은 보부아르가 ≪제2의 성≫에서 가부장제의 공모자가 되길 자처했던 여성이 해방의 주체로 거듭

나기 위해 절대적으로 전제되어야 하는 것으로 제시한 것이기도 하다. 즉 ≪성자 주네≫는 ≪제2의 성≫이 사르트르의 사유에 끼친 영향력을 보여 준다는 점에서도 주목할 만한 사례다. 사르트르에 따르면 주네는 사회가 일방적으로 부여한 비천한 자로서의 운명을 자유에 입각해 전유하는 과정에서, 스스로를 절대적 타자의 위치에 지속적으로 고정하려는 의도 아래 악을 구사한다. 선의 논리에 입각한 사회적 규범에 맞서기 위해 위악을 부린 것이다. 타인과의 관계 속에서 그가 끊임없이 비열하고 비천한 자의 자리를 점하려 하는 것은 그 때문이다. 그에 따라 겉으로 보기에 주네는 연인과의 관계 속에서 지속적으로 사랑을 갈구하나 계속해서 거절당하기만 하는 대상의 위치에 머무는 듯하다. 하지만 실상은 그렇지 않다. 왜냐하면 이러한 위치 선정은 주네 스스로가 의도한 것이기 때문이다. 그 결과 실질적으로 대상의 위치를 점하고 있는 자는 표면적으로 주체의 자리를 점한 듯 보이는 쪽, 즉 주네의 연인이다. 사르트르는 주네가 자신을 주체로 재정립하기 위해 교묘히 쳐 놓은 사랑의 덫에 빠진 결과 주네의 연인이 처하게 된 이러한 상황을, 바로 가부장제 사회에서 여성이 처한 타자로서의 상황에 빗대어 설명한다. 그리고 이 과정에서 ≪제2의 성≫의 논조를 그대로 흡수한 듯한 입장을 취한다.

다음 구문이 그 대표적 사례다.

> 젊은 불한당[주네]은 자신이 사랑하는 자가 기획하고 있는 바를 비롯해, 그러한 기획의 성공에는 전연 관심이 없다. 그의 관심사는 자신의 초월이다. 여자의 사랑이 그녀의 연인을 드러나게 하는 것과 달리, 이 젊은 불한당은 자신의 연인을 드러나게 하지 않는다. 남자의 외양을 가장 두드러지게 지니고 있으나, 여자와 마찬가지로 대상에 해당하는 자에게 그는 호소하고 있는 것이다.(Sartre, 1952 : 102)

주네의 연인이 주네와의 관계 속에서는 실질적으로 대상의 위치를 점하게 된다고 보아야 하는 이유에 대해 설명하고 있는 이 구문은 ≪제2의 성≫에 등장하는, "여자는 다른 본질적이고 주권적인 의식에 의해 끊임없이 초월될 것이기 때문에 객체로 고착되고, 내재 속에 갇혀 있기를 요구당한다"(Beauvoir, 1949a/1986a: 34), "그녀는 자기 존재 한가운데에서 남자의 포부를 확인하고 발견한다. 여자는 남자의 성공과 승리를 축하하는 축제에서 남자와 자기를 결부한다" 등과 같은 문장(Beauvoir, 1949a/1986a: 116)을 정확히 떠올리게 한다. 특히 ≪성자 주네≫를 집필하기 약 10여 년 전 사르트르가 ≪존재와 무≫에서 대자와 대조를 이루는 즉자의 성질을 여성의 특성에 빗대어 설명하는 과정에서 가부장제가 인위적으로 생산해 낸 여성성을 마치 여성 고유의 특성인 양 서술한 적이 있다는 점, 그리고 ≪존재와 무≫와 ≪성자 주네≫ 사이에 ≪제2의 성≫이 쓰이고 출간되었다는 사실을 기억하는 독자라면 적어도 1943년 이후부터 사르트르에게 드리우기 시작했을 것이라 짐작되는 보부아르의 그림자를 위의 대목에서 발견하기란 그리 어렵지 않은 일이리라. 실제로 한 인터뷰에 사르트르는 남녀 관계의 문제와 관련해서는 보부아르의 의견에 전적으로 동의하나, "내가 이런 사태[남-여 관계가 사실상 억압 관계에 해당한다는 사태]를 고발하는 것 이상으로 무엇을 할 수 있을지는 모르겠다"고 토로하면서 젠더 문제와 관련해서는 자신이 보부아르의 사유에 절대적으로 의존하는 위치에 머물렀음을 실토하기도 했다(Schwarzer, 1984: 70).

왜 다시 보부아르인가

우리 사회의 차별적 시선이 낳은 편견, 더 심하게는 그 사회의 몰이해로 말미암아 보부아르의 사유는 그의 살아생

전은 물론이거니와 사후에도 끊임없이 폄훼되고 훼손되어 왔다. 그럼에도 다른 한편에서는 보부아르가 걸어온 길 그 자체에 지지를 보내는 이들이, 그리고 그의 사유를 오늘날의 관점에서 비판적으로 수용하고 새로이 발전시켜 나가려는 이들이 여전히 존재한다. 특히 개별적인 자유로 존재하는 인간이 상생할 수 있는 길을 모색하려는 목적 아래 전개된 보부아르의 사유는 개인과 개인, 개인과 사회 그리고 사회와 사회가 맺고 있는 역학 관계에 관한 현대의 철학적·정치적 담론과 관련되며 논의의 대상으로 다시금 주목받고 있다.

이는 자신의 사유를 닫힌 체계로 구축하길 거부했던 보부아르의 유연한 태도 덕분이라고 볼 수 있다. 한 인터뷰에서 보부아르는 철학을 한다는 것을 자신이 어떤 의미로 받아들이고 있는지 다음과 같이 설명한 바 있다.

> 내가 철학자가 아니라는 말은 내가 체계를 만드는 사람이 아니라는 의미에서 한 말입니다. 그러나 철학을 열심히 공부해왔고 철학으로 학위를 받았으며 철학을 가르쳤고 철학에 물들어 있다는 의미에서 보자면, 난 여전히 철학자입니다. 내 책에 철학이 들어 있다면 이는, 내게 철학이 세상을 보는 방식에 해당하고 내 책에서 그 방식을 제거하려 해 봤자 그럴

수 없기 때문에 그런 것입니다.(Simons & Todd, 1989 : 20)

사상의 체계화를 지양하는 철학자로서 보부아르는 자신의 모든 글이, 비록 그것이 자신의 사상을 개념적으로 정립하려는 목적 아래 쓰인 글이라 할지라도, 독자에게 윤리적 실존을 영위할 수 있는 방식에 대해 직접 성찰해 보는 기회를 제공할 수 있는 것이 되길 바랐다. 보부아르가 자신을 철학자보다는 작가로 불러 달라고 요구했던 것은 바로 이러한 바람 때문이었다. 자신의 모든 글이 개개인의 다양한 삶의 모습을 생생하게 가시화하는 장(場)이자 실존의 윤리와 관련해 독자와의 대화와 토론을 열어 나가는, 자유로운 호소 그 자체가 되길 바랐던 것이다. 따라서 어떤 정답을 찾을 수 있기를 기대하면서 보부아르의 책을 손에 든 이들이라면 책의 마지막 장을 넘기고 난 후 커다란 실망에 휩싸이게 될 것이 분명하다. 혹은 실망하는 수준을 넘어 부조리와 절망만을 안기는 철학이라며 실존주의를 비난할지도 모른다. 하지만 이러한 반응은 보부아르의 사유가 그만큼 개방적인 성격을 지니고 있음을 보여 주는 방증이기도 할 것이다. 바로 그 개방성이야말로 보부아르의 사유가 지금까지 유효한 것으로 받아들여지는 주된 이유 중 하나일 것이다.

이 책은 보부아르가 사르트르와의 지적인 상호 침투 관계 속에서 차근차근 구체화했던 실존주의적 윤리를 대략적으로나마 이해하고 싶어 하는 이들에게 도움이 되고자 하는 목적에서 쓰인, 개괄적 안내서에 해당한다. 부디 이 책이 보부아르가 구축했던 철학과 문학적 세계를 향한 그들의 관심을 연장시키는 계기로 작용할 수 있길 소원해 본다.

참고문헌

변광배(2023). ≪사르트르 vs 보부아르≫. 세창출판사.

Bair, D.(1990). *Simone de Beauvoir.* Paloméra, M.-F.(trans.) (1991). Fayard.

Beauvoir, S. de(1949a/1986a). *Le Deuxième sexe I: Les faits et les mythes.* Gallimard.

Beauvoir, S. de(1949b/1986b). *Le Deuxième sexe II: L'expérience vécue.* Gallimard.

Beauvoir, S. de(1958). *Mémoires d'une jeune fille rangée.* Gallimard.

Beauvoir, S. de(1960). *La Force de l'âge.* Gallimard.

Beauvoir, S. de(1966). Mon expérience d'écrivain(conférence donnée au Japon, le 11 octobre 1966). In Francis, C. & Gontier F.(ed.)(1979). *Les Écrits de Simone de Beauvoir: La vie-L'écriture*, pp. 439-457. Gallimard.

Jeanson, F.(1966). Entretiens avec Simone de Beauvoir. *Simone de Beauvoir ou l'entreprise de vivre*, pp. 258-291. Seuil.

Kirkpatrick, K.(2019). *Becoming Beauvoir: A Life.* Bloomsbury Academic. 이세진 옮김(2021). ≪보부아르, 여성의 탄생≫. 교양인.

Sartre, J.-P.(1943/1976). *L'être et le néant: essai d'ontologie phénoménologique.* Gallimard.

Sartre, J.-P.(1952). *Saint genet: comedien et martyr.* Gallimard.

Sartre, J.-P.(1983). *Cahiers pour une morale.* Gallimard.

Schwarzer, A.(1984). *Simone de Beauvoir aujourd'hui, Six entretiens.* Mercure de France.

Simons, M. A. & Todd, J. M.(1989). Two Interviews with Simone de Beauvoir. *Hypatia, 3*(3), pp. 11-27.

Thébaud, F.(1992). La grande guerre: le triomphe de la division sexuelle. *Histoire des femmes en Occident V: Le XXe siècle*, pp. 85–144. Plon.

차례

일러두기

- 인명, 작품명, 저서명, 개념어 등은 한글과 함께 괄호 안에 해당 국가의 원어를 병기했습니다.
- 외래어 표기는 현행 어문규정의 외래어표기법을 따랐습니다.

01
프랑스 실존주의

프랑스 실존주의에서는 인간을 그 무언가에 대한 의식으로서 끊임없이 자기 밖을 향해 스스로를 뛰어넘으면서 자기 자신을 직접 만들어 나가야 하는 자유로운 행동의 주체로 규정한다. 그리고 이를 통해 인간에게 자기 삶이 지닌 의미와 가치를 비롯해 그 삶이 속한 세계의 의미와 가치까지도 직접 결정할 수 있는 권리를 전적으로 되돌려주어야 한다고 주장한다. 그렇기에 프랑스 실존주의는 휴머니즘적 기획이라 할 수 있다.

무신론

20세기 전반기는 오랫동안 서구 사회의 정신을 지탱해 왔던 기독교 사상이 붕괴된 시기로 특징지어진다. 약 230만 명이 사망한 제1차 세계대전이 끝나고 나서 정확히 20년이 흐른 시점에 발발한 제2차 세계대전은 유대인 희생자 600만 명을 비롯해 전 세계적으로 1850만 명이 넘는 사람들을 죽음으로 몰아넣은 역사적 참사로 기록되었다. 인간이 같은 인간에게 얼마만큼 잔인해질 수 있는지 극단적으로 보여 준 이 사건은 인간을 만물의 영장이자 이성을 지닌 합리적이고 도덕적인 주체로 간주했던 전통적 관점을 산산조각 낸 것은 물론이거니와, 인간에게 고통을 안긴 신을 향한 원망 그리고 신에게 버림받았다는 절망감 또한 자아냈다. 기존의 가치관이 무너진 그 빈자리를 대신 채운 것은 삶의 방향성 상실에 따른 불안이었다.

이 절망의 시기에 태동한 사상이 바로 프랑스 실존주의다. 프랑스 실존주의는 절망적 경험을 절망 그 자체로 남겨두는 대신에 인간에 대한 새로운 성찰을 전개해 나갈 계기로 전유하려 했다. 1943년에 출간된 사르트르의 ≪존재와 무≫는 프랑스 실존주의가 이러한 시도의 일환이라는 점을 잘 보여 준다.

20세기 프랑스 지성사의 한 장을 장식하는 이 기념비적 저서에 담긴 인간에 대한 사유는 기본적으로 무신론에서 출발한다. 사르트르와 보부아르의 사유가 '기독교적 실존 철학'과 구분되는 '무신론적 실존주의(l'existentialisme athée)'라 불리는 것은 이 때문이다. "실존주의는 휴머니즘이다"에서 사르트르는 기독교를 토대로 한 실존주의자와 무신론적 실존주의자를 구분한다. 그러면서 하이데거를 비롯해 자신과 같은 프랑스 실존주의자로 이루어져 있는 무신론적 실존주의자를 "실존이 본질에 선행하며" "주체성에서 출발해야 한다"는 관점을 공유하는 자로 규정했다 (Sartre, 1945/1996: 26).

이러한 관점은 어떻게 무신론과 연결되는 것일까? 신의 부재를 전제하게 되면, 인간은 그간 신의 피조물로서 보장받아 왔던 존재의 필연성을 상실한 채 이 세상에 아무 이유 없이 그냥 내던져진 존재가 된다. 즉 '우연성(la contingence)'과 '무상성(la gratuité)'으로 특징지어진 '잉여존재(l'être de trop)' 혹은 '여분의 존재(l'être surnuméraire)'가 되는 것이다. 사르트르에 따르면 무신론에서 비롯한 이러한 우연성은 결코 지워 버릴 수 없는, 인간 존재를 특징짓는 가장 본질적이며 절대적인 특성에 해당한다.

여기까지만 보면 사르트르는 인간을 별다른 이유 없이

그냥 여기 고립된 상태로 있는 여타의 사물과 다를 바 없는 존재로 여기고 있는 듯 보인다. 그에 따라 실존주의가 인간의 능동적 의지를 부정하는 정적주의(le quiétisme)를 부추기는 사상에 불과하다고 비난하는 이들의 목소리가 얼핏 타당하게 들리기도 한다.

대자존재

이 지점에서 사르트르는 사물과 인간의 결정적 차이점 한 가지를 제시하면서 자칫 절망으로 흐를 수 있는 논지의 방향 전환을 꾀한다. 사물과 달리 인간은 의식을 지닌 존재에 해당한다는 점이 바로 그것이다.

에드문트 후설(Edmund Husserl)이 현상학적 방법론에 입각해 밝혀 낸 진실에 의하면 의식은 언제나 무언가를 향해 있는 '그 무언가에 관한 의식'이며, 따라서 의식의 가장 본질적인 특성은 '지향성(l'intentionnalité)'이라 할 수 있다. 사르트르는 후설이 제시한 이 의식 개념에 입각해, 인간 존재가 자신의 의식을 통해 세계를 이해하고 세계와 관계를 맺는 기본 구조를 지향성으로 설명한다. 사르트르에 따르면 의식은 지향적이다. 이는 곧 의식이 그 자체로는 아무것도 아닌 텅 비어 있는 '무(le néant)'와 다를 바 없으며, 자기 바깥에 있는 다른 존재를 빌려와 비어 있는 자신을 채우려 하는 특징을 지니고 있음을 의미한다. 따라서 의식은 계속해서 무로 남기를 거부하면서 바깥을 향해 나아가려는 움직임 그 자체라 할 수 있다. 이로부터 의식은 '초월성(la transcendance)'과 다르지 않다는 등식이 도출된다.

의식이 자기 바깥에 있는 대상을 지향하는 이유는 비어 있는 자신을 메꿔 자신의 실재성을 확보해 나가려 하기 때문이다. 즉 의식이 궁극적으로 지향하는 대상은 바로 자기 자신이다. 이에 따라 초월성에 이어서 의식을 지닌 인간을 지칭하는 또 다른 표현 하나가 더 등장한다. 자기를 지향의 대상으로 삼아 자신의 실재성을 확보해 나가야 하는 존재, 즉 자기를 향해 가는 존재라는 의미를 담은 '대자존재(l'être-pour-soi)'가 그것이다. 사르트르는 그냥 거기에 있는 존재로서 사물을 '즉자존재(l'être-en-soi)'로 칭하고, 이와 달리 인간은 '현재 있는 것으로 아니 있는 것' 혹은 '현재 아니 있는 것으로 있는 것'에 해당한다고 말하면서 대자존재라고 칭한다. 대자존재의 핵심은 스스로를 결핍이자 가닿아야 할 가능성으로 인식한다는 데, 그 가능성을 향해 현재의 자신을 끊임없이 뛰어넘는 존재라는 데 있다. 대자존재가 영위하는 삶을 가리키는 '실존'을 '거기에서 벗어나다'

라는 의미를 지닌 라틴어에서 파생된 'ex-sistence'라는 단어로 부르는 것은 이러한 맥락에서다. 이처럼 가능성의 상태로만 드러나는 자신의 본질을 향해 스스로를 내던지며 삶을 영위하는 존재가 인간이기에, 선행하는 것은 본질이 아니라 실존이 될 수밖에 없다.

휴머니즘

무신론을 출발점으로 삼아 인간 고유의 존재 방식을 설명하는 과정에서 자연스럽게 도출되는 개념이 '자유(la liberté)로서 인간'이다. 자기 본질을 만들어 가는 과정이라 할 수 있는 실존의 여정에서 인간이 의지할 수 있는 자는 자기 외에는 아무도 없다. 물론 그 과정에서 다른 이들의 도움을 얻기 마련이기는 하나, 자기 삶을 어느 방향으로 이끌지 또 자기 삶의 의미와 가치를 어디에서 찾을지 등에 관해 최종 결정을 내리는 자는 자기 자신이다. 인간 존재는 어떻게 살아갈 것인지 끊임없이 직접 선택해 가면서 스스로를 창조해 나가야 한다. 이것이 실존주의가 말하는 주체성이자 '자유로서 인간'이다.

이때의 인간은 자기 창조의 주체라는 점에서 창조적 행

위의 주체이기도 하다. 사르트르는 이 사실에 입각해 실존주의를 정적주의라 비난하는 이들에게 다음과 같이 반격을 가한다.

> 정적주의, 그것은 내가 할 수 없는 것을 다른 이들이 할 수 있으리라 말하는 사람들의 태도에 해당한다. 내가 소개하고 있는 이론은 이러한 정적주의와는 정확히 반대되는 것이다. 실재성은 오직 행동 안에만 존재한다고 말하고 있기 때문이다. 게다가 한 걸음 더 나아가서 이렇게 덧붙이기 때문이기도 하다. 인간이란 자신이 행하는 기투(le projet) 외에는 그 무엇도 아니며, 자기를 실현하는 한도 내에서만 인간은 실존하며 그렇기에 자기 행동의 총합 이외에는 아무것도 아니라고 말이다.(Sartre, 1945/1996: 51)

그 무언가에 대한 의식으로서 끊임없이 자기 밖을 향해 스스로를 뛰어넘으면서 자기 자신을 직접 만들어 나가야 하는 자유로운 행동의 주체. 프랑스 실존주의가 제시한 인간 개념은 이렇게 요약될 수 있다.

인간에 대한 프랑스 실존주의의 이러한 천명은 양차 세계대전으로 극단적으로 훼손되어 버린 인간의 존엄성을 기존과 다른 관점에 입각해 되살리려는 노력의 일환으로 이해되어야 한다. 프랑스 실존주의자들이 보기에 양차 세계대전은 '신'이나 '민족' 혹은 '인류' 등과 같은 절대적 초월자에 대한 맹목적 믿음이 낳은 대참사였다. 즉 양차 세계대전은 자신의 삶을 실제로 영위하는 이는 자기 자신이며 따라서 자기 삶이 낳은 모든 결과에 대한 책임은 본인이 직접 져야 한다는 가장 기본적인 실존적 진실을 망각한 귀결이었다. 자신이 자행한 모든 행동을 의미 있고 가치 있게 만들 수 있는 절대적 근거를 절대적 초월자가 제시한 섭리 속에서 찾을 수 있을 것이라는 믿음에 오랫동안 파묻힌 채 피동적으로 삶을 영위한 결과, 저열하기 그지없는 수준으로 전락해 버린 인간들이 야기한 대참사였다. 따라서 프랑스 실존주의는 인간에게 자기 삶이 지닌 의미와 가치를 비롯해 그 삶이 속한 세계의 의미와 가치까지도 직접 결정할 수 있는 권리를 전적으로 되돌려 주어야만 이와 같은 대참사의 반복을 막을 수 있다고 주장한다. 그렇기에 사르트르에 따르면 프랑스 실존주의는 진정한 휴머니즘적 기획이라고 할 수 있다. 인간 개개인을 자유로운 주체이자, 주체로서 권리 행사가 낳게 될 결과를 책임져야 하는 윤리적 주체로 간주함으로써 세계의 중심 자리에 인간을 세우려는 인본주의에 입각한 사유라고 할 수 있기 때문이다.

참고문헌

변광배(2005). ≪존재와 무 : 자유를 향한 실존적 탐색≫. 살림.

Sartre, J.-P.(1943/1976). *L'être et le néant.: essai d'ontologie phénoménologique.* Gallimard.

Sartre, J.-P.(1945/1996). *L'existentialisme est un humanisme.* Gallimard.

02
애매성

인간은 개별적으로 존재하는 의식의 자유로운 초월적 움직임으로 살아가는 동시에, 죽음이나 타인의 존재 등 외부에서 주어진 조건들로 이루어진 상황 탓에 자유로서 한계를 경험하며 살아갈 수밖에 없다. 그렇기에 인간이 영위하는 실존이 지닌 의미를 한 가지로 고정하기란 절대 불가능하다. 애매성은 이렇게 인간의 실존이 지닌 의미의 비결정성을 지칭하는 개념이다.

실존의 비결정성

보부아르의 사유는 프랑스 실존주의의 기획을 배경으로 삼아 태동했다. 프랑스 실존주의자 가운데서 특히 보부아르는 인간을 윤리적 주체로 다시금 세우는 일에 많은 관심을 기울인 철학자였다. 보부아르 사유의 가장 중심부에는 '세계 내 존재'인 인간이 자신이 속한 세계에서 그리고 그 세계 구성원들과의 관계 속에서 지게 되는 책임의 범위라는 문제가 위치한다. 책임의 범위는 그리 쉽게 결정할 수 있는 문제가 아니다. 우리가 영위하는 실존은 '애매한 것'이기 때문이다.

보부아르에 따르면 실존의 가장 본질적인 특성은 '애매성(l'ambiguïté)'에서 찾을 수 있다. 애매성이란 수많은 딜레마를 경험하며 살아갈 수밖에 없는 존재인 인간의 실존 조건을 지칭하는 개념이다. 인간은 의식인 동시에 육체이고, 의식의 주체이면서 동시에 타인의 의식이 지향하는 대상이기도 하며, 살아가는 동시에 죽음을 향해 가는 존재라 할 수 있다. 이러한 특성으로 말미암아 인간 존재는 한 가지 의미로 결코 고정할 수 없으며, 심지어 모순적이기까지 한 상태에서 실존을 영위한다. 즉 개별적으로 존재하는 의식의 자유로운 초월적 움직임으로 살아가는 동시에, 죽음이나 타인의 존재 등 외부에서 주어진 조건들로 이루어진 '상황(la situation)' 탓에 자유로서 한계를 경험하며 살아갈 수밖에 없다.

애매성은 이렇게 인간의 실존이 지닌 의미의 비결정성을 지칭하는 개념이다. 보부아르는 애매성 개념이 결코 부정적 의미를 지닌 것으로 이해되어서는 안 된다고 말하면서 다음과 같이 설명한다.

> 애매성 개념을 부조리(l'absurdité) 개념과 혼동해서는 안 된다. 실존이 애매하다고 말하는 것은, 실존에 하나의 의미를 부여할 수 있으리란 사실을 부인하는 것이다. 실존이 애매하다고 말하는 것은, 실존의 의미란 결코 고정할 수 있는 것이 아니며 계속해서 쟁취해 나가야만 하는 것임을 주장하는 것이다. 부조리는 윤리를 아예 인정하지 않는다. 마찬가지로 현실적인 것에 대한 나무랄 데 없는 합리화 또한 윤리의 여지를 남겨 두지 않기는 매한가지다. 인간이 실패와 치욕을 거쳐 자신의 실존을 구제하려 애쓰는 것은 바로 인간 조건이 애매하기 때문이다.(Beauvoir, 1947/2003: 160)

보부아르가 말하는 애매성은 실존의 의미를 직접 만들어 나가야 하는 인간의 운명 그 자체를 지칭한다고도 볼 수 있다. 즉 실존이 애매하다는 말은 곧 "실존은 본질에 선행한다"라는 명제의 또 다른 표현인 셈이다.

같은 맥락에서 애매성은 '명료성(la clarté)'에 반대되는, 부정적 함의를 지닌 개념으로 받아들여져서도 안 된다. 보부아르에 따르면 정신의 명료성에 절대적 가치를 부여하는 데카르트 전통은 사실상 애매성을 명료성에 도달하지 못한 상태 혹은 명료성이 결여된 상태인 모호성에 해당하는 것으로 규정한다. 보부아르는 이러한 전통에 반해 애매성을 중립적 틀 안에서 사고해야 한다고 주장한다. 실존을 부정적 혹은 긍정적 가치를 매겨야 하는 대상으로 규정하지 않고 실존의 실질적 특성을 지칭하기 위한 개념이 애매성이기 때문이다.

가능성을 향한 열림

애매성 개념의 중립성은 결코 정태적 상태와 동일시되어서는 안 된다. 애매성은 실존을 긍정적 혹은 부정적 의미를 지닌 것으로 만들어 나갈 수 있는 가능성을 향해 열려 있는 개방적 상태를 의미하기도 하기 때문이다. 특히 보부아르가 강조하는 것은 실존을 긍정적 의미를 지닌 것으로 전환

시킬 수 있는 가능성으로서 개방성이다.

이 지점에서 우리는 보부아르와 사르트르의 사유를 구분 짓는 차이점 한 가지를 발견하게 된다. ≪존재와 무≫에서 사르트르 또한 인간 존재의 본질적 특성을 설명하기 위한 용어로 애매성을 사용한다. 사르트르에게 인간은 무엇보다도 '그 무언가를 향한 의식'으로 규정된다. 하지만 인간이 지향의 대상으로 삼고 있는 그 무언가에 가닿기란 절대 불가능하다. 인간은 그 무언가를 향해 끊임없이 나아가려는 항구적인 초월적 움직임으로 존재하기에 그 무언가와 하나가 되는 그 순간 초월적 움직임이기를, 즉 인간으로 존재하기를 멈추게 될 터이기 때문이다. 이렇게 지향하는 대상과 영원히 불일치한 상태로 삶을 영위할 수밖에 없는 인간의 존재론적 운명을 가리키는 용어로 사르트르는 애매성 개념을 사용한다. 여기까지만 보면 사르트르는 보부아르와 상당히 유사한 맥락에서 애매성 개념을 사용하는 듯 보인다.

하지만 다른 한편으로 사르트르의 글에서 애매성이 '구토'나 유배되었다는 느낌 또는 실패 등을 야기하는 원인에 해당하는 '존재의 결핍(le manque d'être)'과 유사한 의미를 지닌 것으로 사용되는 경우가 적지 않다. 사르트르가 애매성을 중립적이라기보다 부정적 함의가 담긴 것으로 바라보고 있다는 인상이 생기는 이유다. 사르트르가 인간 존재는 영원히 손에 넣을 수 없는 존재와의 합일을 향한 열망에서 벗어나지 못하는 운명을 지녔다고 하며 인간을 '불행한 의식(la conscience malheureuse)'이라 칭하기도 했다는 사실을 상기하면, 이러한 인상이 더더욱 불거진다(Langer, 2003: 87-106).

반면 보부아르가 실존을 예술에 빗대어 설명하는 다음 대목은 그가 사르트르와 다른 관점에서 실존의 애매성을 바라보고 있음을 보여 준다.

> 조토, 티치아노, 세잔, 그 누구의 작품 세계에서도 완벽히 온전한 상태로 그림이 주어진 적은 없다. 작품이란 수 세기에 걸쳐 모색되는 것이기에 절대로 완성되지 않는다. 그림과 관련된 이러한 문제점이 전부 해결되어 있는 한 편의 그림을 떠올리기란 문자 그대로 불가능하다. 그런데 그림은 그 자체로 자신만의 실재성을 향해 가는 움직임에 해당하며, 이러한 움직임은 헛되이 돌아가는 맷돌의 공허한 이동과는 다르다. 저마다의 화폭 위에서 그림이라는 움직임은 하나의 절대적 실존과도 같이 구체화되어 간다. 예술, 과학은 실패에도 불구하고가 아니라 실패를 통해서 만들어지는 것이다.(Beauvoir, 1947/2003: 160-161)

보부아르는 실존을 성공과 실패 둘 중 하나로 단정 짓지 못하게 하는 실존의 애매성을 인간 존재의 불행한 운명으로 간주하지 않는다. 애매성이 지닌 진정한 가치는 인간이 초월의 창조적 움직임에 해당한다는 사실과의 관련하에서만 논할 수 있다고 보았기 때문이다. 그러지 않을 때 존재의 결핍, 즉 실존을 단 하나의 의미 속에 고정할 수 없다는 인간의 숙명은 절대적 실패로 간주되기 십상이다. 반대로 인간이 초월의 창조적 움직임으로 존재한다는 것을 염두에 둔다면, 이러한 고정 불가능성은 가능성을 향한 열림으로 해석될 여지를 지니게 된다. 그에 따라 지금 이 순간 인간이 손에 넣은 그 어떤 결과든 더는 절대적 실패 혹은 절대적 성공과 같이 돌이킬 수 없는 결말로서 위상을 지니지 못한다. 물론 각각의 화폭에 담긴 그림이 그 자체로 "하나의 절대적 실존"을 구체화하는 것처럼, 이때의 결과물 역시 그 자체로 일단은 완결된 의미를 지닌다. 하지만 그림 한 편이 재현해 내고 있는 실존이 그것을 그린 이의 또 다른 그림에 의해 혹은 다른 이가 그린 그림에 의해 새로운 실존을 담아내게 되듯, 그 결과물이 지닌 의미 역시 지속적인 초월의 움직임 속에서 새로운 의미를 지닌 것으로 재탄생하기 마련이다. 이 과정에서 그 결과물은 최종적인 끝을 알리는 마침표가 아니라 새로운 여정의 시작을 의미하는 출발점으로 변모한다. 이와 동시에 초월의 움직임 역시 애매성과의 관련하에서만 창조적인 움직임이 될 수 있다고 보부아르는 지적한다. 초월이 이미 결론이 나 버린 끝을 향해 가는 움직임에 해당한다면, 그 움직임은 과정 속에서 그 무엇도 새로이 창조해 내지 못한 채 제자리를 맴도는 "맷돌의 공허한 이동"에 불과할 것이기 때문이다. 이처럼 보부아르는 애매성과 초월의 움직임을 서로가 서로에게 창조적 의미를 부여할 수 있는 상호적 관계에 위치시킴으로써 존재의 결핍이라는 인간의 존재론적 숙명에서 긍정적 함의를 이끌어 낸다.

보부아르에 따르면 애매성은 실존 조건 그 자체이기에 결코 극복하거나 제거할 수 있는 대상이 아니다. 애매성을 극복하거나 제거하는 것은 모두 실존을 한 가지 의미를 지닌 것으로 고정하는 것을 의미하며, 그렇게 하는 순간 인간은 사물과 다를 바 없는 즉자존재가 되어 버릴 것이기 때문이다. 이러한 맥락에서 보부아르는 애매성에서 벗어나려 하는 인간의 모든 노력이 실패로 귀결할 수밖에 없다고 단언했다.

참고문헌

Beauvoir, S. de(1947/2003). Pour une morale de l'ambiguïté. *Pour une morale de l'ambiguïté suivi de Pyrrhus et Cinéas*, pp. 11-197. Gallimard.

Langer, M.(2003). Beauvoir and Merleau-Ponty on ambiguity. *The Cambridge companion to Simone de Beauvoir*, pp. 87-106. Cambridge University press.

03
자기기만

자기기만은 실존이 개별적으로 이루어지는 자유로운 초월의 주체로서 마땅히 짊어져야 하는 짐을 보편적 가치를 칭송하는 신화에 기대어 회피하려 하는 다양한 인간적 욕망을 총칭하는 개념이다. 보부아르는 윤리적 함의를 지닌 형용사인 '참된'이라는 단어를 사용해 자기기만을 참된 실존에 대비되는 상태로 제시한다. 이로써 자기기만을 어떻게 해도 벗어날 수 없는 인간의 존재론적 숙명이 아니라 윤리적 노력 여하에 따라 벗어날 가능성이 결정되는 가변적 상태에 해당하는 것으로 재탄생시킨다.

자유의 회피

애매성이라는 실존 조건이 창조적 가능성으로 자연스레 이어지는 것은 물론 아니다. 오히려 애매성이라는 숙명은 인간으로 하여금 우선적으로 '실존적 불안(l'angoisse existentielle)'을 겪게 한다. 사르트르는 불안이란 인간의 미래가 사물과 같은 방식으로 존재하지 않는다는 사실에 대한 인식 그 자체라고 말하기도 했다(Sartre, 1943/1976: 67). 불안을 경험한 인간은 절대적 힘을 지닌 그 무언가의 도움을 빌려 자신의 결여를 메꾸려 하면서, 다시 말해 자신을 즉자 즉 사물로 탈바꿈하면서 불안에서 벗어나려는 유혹에 사로잡힌다. 실존주의에서 이러한 유혹을 가리키는 개념으로 사용되는 것이 '자기기만(la mauvaise foi)'이다.

보부아르는 실존이 개별적으로 이루어지는 자유로운 초월의 주체로서 마땅히 짊어져야 하는 짐을 보편적 가치를 칭송하는 신화에 기대어 회피하려 하는 다양한 인간적 욕망을 자기기만이라고 총칭한다. 그러면서 신, 인류, 죽음과 관련해 인간이 지녀 온 환상을 차례로 비판한다. 보부아르에 따르면 신, 인류, 죽음은 공통적으로 인간의 모든 개별적 행위에 영원불변한 절대적 의미를 부여해 줄 것이라는 믿음을 불러일으켜 온 보편적 가치를 상징한다. 그러나 보부아르가 보기에 이것들이 자신의 삶을 정당화해 줄 것이라는 인간의 믿음은 헛된 꿈에 불과하다. 인간이 행하는 모든 행위가 신의 섭리에 따른 것이라고 믿는다 해도, 세상 속에서 그 섭리를 어떻게 드러낼지 결정하는 일은 결국 세상과 직접 관계를 맺고 있는 인간의 몫으로 남기 때문이다. 이는 곧 삶이란 궁극적으로 인간이 선택한 결과이며, 그에 대한 책임 역시 인간이 져야 한다는 것을 의미한다. 따라서 보부아르는 "그러므로 만약 신이 존재한다면, 인간의 초월을 이끄는 데서 그는 무능력할지도 모른다"라고 말하기도 했다(Beauvoir, 1944/2003: 236).

그렇다면 우리가 몸담고 있는 '인류'는 어떠한가? 우리를 대신해 우리의 개별적 실존을 정당화해 줄 수 있을까? 그 또한 불가능하기는 마찬가지다. 내가 행하는 행위는 누군가에게는 득이 되고 또 다른 누군가에게는 해가 되기 마련이다. 내 행위가 모든 인간을 만족시키는 것은 불가능하다. 이러한 현실 때문에 또 다시 선택은 개개인의 몫으로 남는다. 그 결과에 대한 책임까지도 말이다.

'죽음'은 어떠한가? 인간이 유한한 삶을 사는 존재라는 사실은 무엇을 의미하는가? 혹시 이는 인간이 죽기 위해 살아가는 존재임을 의미하지 않을까? 그렇다면 우리는 죽음 속에서 우리의 초월을 무용함에서 건져 낼 수 있는 최종 목표를 발견할 수 있지 않을까? 보부아르는 죽음과 관련해 인간이 오랫동안 간직해 온 이러한 희망 역시 거짓에 불과하다고 단언한다. 보부아르는 특히 '죽음을 향해 가는 존재(l'être-vers-la mort)'로 인간을 규정한 하이데거와 달리, 인간은 무엇을 위해 존재하지 않고 그냥 존재할 뿐이라고 말한다. 그렇기 때문에 인간의 삶은 선험적으로 주어진 어떠한 본질이나 목적에 의해 결정되지 않으며, 인간이 개별적인 주체로서 택한 행위에 의해서만 정당화될 수 있을 뿐이다(Beauvoir, 1944/2003: 254-255).

전횡으로서 헌신

다른 무언가에 기대어 자신의 실존을 정당화하려 하는 인간의 자기기만적 욕망에 대한 보부아르의 비판은 여기서 끝나지 않는다. 이제 보부아르의 관심은 신, 인류, 죽음과 달리 구체적으로 내 눈 앞에 현존하고 있기에 인간이 가장 쉽게 접근할 수 있는 '타인'에게로 옮겨 간다. 보부아르에 따르면 인간은 구체적으로 현존하는 타인이 나의 실존을 정당화해 줄 수 있으리라는 기대감에 쉽사리 휩싸이고는 한다. 이러한 기대감은 타인에게 기대어 삶을 영위하도록 인간을 이끌어 왔다.

대표적으로 '타인을 위해 헌신하는 삶'은 이러한 자기기만적 욕망이 낳은 왜곡된 실존 사례에 해당한다. 타인이 필요로 하는 존재가 될 때에만 내 실존이 정당화될 수 있으리라는 자기기만적 환상이 낳은 결과라고 할 수 있기 때문이다. 보부아르에 따르면 기본적으로 헌신(le dévouement)은 타인을 위해 자신의 자유를 전적으로 포기하는 것을 전제로 할 때 완성되는 행위다. 그렇기에 헌신은 궁극적으로 실현 불가능한 것이기도 하다. 애초부터 모든 헌신은 이미 헌신하는 자의 자유로운 선택에서 비롯하기 때문이다. "우리는 헌신하길 원하기에 헌신한다. 우리가 헌신하길 원하는 것은 그러한 방식에 입각해 자기 존재를 회수하길 바라기 때문이다."(Beauvoir, 1944/2003: 266)

따라서 헌신은 "타인과 무관하게 그리고 타인에 반해 그의 행복을 바라는" 행위와 다를 바 없으며, 그로 말미암아 다분히 "공격적이고 전제적인 형상"을 취하게 될 확률이 있다(Beauvoir, 1944/2003: 267). 보부아르에 따르면 헌신이라는 명분 아래에 이루어지는 모든 행위는 심지어 처음부터 전제적 성격을 지니고 있다고 할 수 있다. 내 행동이 순수하게 남을 위한 것이려면 그 행동이 타인이 원하는 바를 전적으로 충족할 수 있어야 한다. 그러나 타인은 나와 마찬가지로 개별적인 초월의 주체로 존재하기에, 그 역시 자신이 목표로 삼은 바를 끊임없이 초월해 나가기 마련이다. 그렇기 때문에 나는 타인이 절대적으로 원하는 '단 하나의 행복'을 절대 파악할 수 없으며, 내게는 단지 타인이 원하는 다수의 '행복들'을 더듬어 그려 볼 수 있는 가능성만이 주어질 뿐이다. 나는 이러한 가능성 앞에서 바로 나 자신의 자유에 기반해 그 행복들 가운데서 무언가를 선택해야만 한다. 결국 모든 헌신은 내가 설정한 목표를 타인에게 자신의 목표로 받아들이도록 강요하는 행위가 될 수밖에 없다. 보부아르는 바로 이러한 맥락에서 헌신이란 기본적으로 전제적 성격을 지닐 수밖에 없다고 말한다.

이렇듯 헌신의 불가능성 그리고 헌신이 기본적으로 내포하는 전제적 성격을 확인하는 과정에서 우리는 실존의 기본적 진실과 다시 한번 마주한다. 내가 행하는 모든 행위는 내 자유에 기반하기에, 나는 내가 아닌 그 누구에게도 삶의 방향을 대신 제시해 줄 수 없다. 또한 반대로 그 누구도 내 삶의 목표를 대신 결정해 줄 수 없다.

참되지 않은 실존

자유로 존재하는 한 인간은 실존적 불안을 느낄 수밖에 없다. 이는 곧 자신이 자유로 존재한다는 사실을 부정함으로써 이 불안에서 벗어나려 하는 자기기만 또한 실존적 불안만큼이나 숙명적임을 의미하는 것이 아닐까? 이 질문에 관해 사르트르가 다소 모호한 입장을 취한 탓에 이후 다양한 논쟁을 자아냈던 데 반해, 보부아르는 비교적 명확한 입장을 표명한다. 이와 관련해 '실존주의적 회심(la conversion existentialiste)' 개념에 대한 서술을 담고 있는 다음 구문은 상당히 주목할 만하다.

> 이러한 태도[실존주의적 회심]는 첫 번째 함의로, 참된 인간은 자신과 무관한 그 어떤 절대도 인정하려 하지 않는다는 의미를 지닌다. 어떤 인간이 신이라고 불리는, 대자와 즉자 간의 불가능한 종합을 이상적인 천국 속에 투사할 때는, 실재하는 그 존재자의 시선이 자신의 실존을 존재로 변화시켜 주길 바라기 때문이다. 그러나 만약 참된 방식으로(authentiquement) 실존하기 위해서 존재하지 않기로 한 상태라면, 그는 비인간적인 객관성에 대한 몽상을 포기하게 될 것이다.(Beauvoir, 1947/2003: 20)

여기서 우리는 보부아르가 자기기만이라는 개념을 크게 두 차원으로 구분해 사용하고 있음을 감지하게 된다. 우선 보부아르는 인간이 참된 실존 주체로 살려면 자신의 삶을 "자신과는 무관한 그 어떤 절대"에게 의탁해서는 안 된다고 말하면서, 실존적 불안에서 벗어나기 위해 자신이 자유로운 의식으로 존재한다는 사실 자체를 부인하려 하는 인간의 욕망을 가리키는 개념으로 자기기만을 사용한다. 그런데 현재의 논의와 관련해 우리의 관심을 더욱 끄는 것은, 보부아르가 자기기만을 "참된 방식으로" 영위되는 실존에 대비되는 상태 즉 '참되지 않은' 실존 상태로 서술하고 있다는 점이다. 우리말로 '참된' 혹은 '진정한'이라고도 번역되는 'authentique'이라는 형용사는 보부아르의 사상에서 기본적으로 윤리적 함의를 지닌 것으로 사용되는 단어다. 따라서 보부아르가 자기기만을 참되지 않은 실존 상태로 규정하고 있다는 점은, 곧 자기기만을 어떻게 해도 벗어날 수 없는 인간의 존재론적 숙명으로 간주하기보다 윤리적 노력 여하에 따라 그로부터 벗어날 가능성이 있는 일종의 가변적 상태에 해당하는 것으로 여기고 있음을 보여주는 지점이라고 할 수 있다.

그렇다면 자기기만에서 벗어나기 위해 인간이 기울일 수 있는 윤리적 노력이란 정확히 어떠한 노력을 의미하는 것일까? 이 질문에 답하려면 무엇보다도 보부아르가 '자유' 개념을 어떻게 재해석하고 있는지 살펴볼 필요가 있다.

참고문헌

Beauvoir, S. de(1944/2003). Pyrrhus et Cinéas. *Pour une morale de l'ambiguïté suivi de Pyrrhus et Cinéas*, pp. 199–316. Gallimard.

Beauvoir, S. de(1947/2003). Pour une morale de l'ambiguïté. *Pour une morale de l'ambiguïté suivi de Pyrrhus et Cinéas*, pp. 11–197. Gallimard.

Sartre, J.-P.(1943/1976). *L'être et le néant: essai d'ontologie phénoménologique*. Gallimard.

04
윤리적 자유

보부아르는 자유를 인간으로 존재한다는 사실 그 자체에 의해 주어지는 자연발생적 자유와, 스스로 자유롭길 원하면서 자기 삶을 의미와 가치를 지닌 것으로 정당화하려는 노력에 의해 쟁취할 수 있는 능동적 자유로 구분해야 한다고 보았다. 그러면서 후자의 자유야말로 참된 수준에 도달한 자유의 모습에 해당한다고 주장하고 이를 가리켜 윤리적 자유라 칭한다.

자유의 두 가지 차원

사르트르는 '자유'를 자신의 선택에 입각해 삶의 의미와 가치를 직접 만들어 나가야 하는 숙명을 지닌 인간을 가리키는 개념으로 사용한다. 보부아르는 사르트르의 입장에 동의하면서, 서로 다른 차원에 속하는 두 가지 유형의 자유를 구분해서 봐야 한다는 주장을 추가로 제시한다.

보부아르에 따르면 모든 인간은 우선 대자로서 존재한다는 사실 그 자체만으로 기본적으로 자유다. 하지만 이러한 차원에 속한 자유는 인간으로 존재한다는 사실성에 의해 그냥 주어진 결과물이다. 그렇기에 이러한 자유로 존재한다는 사실 그 자체에 만족한 채 살아가는 인간은 "순수한 우연성이자, 아무 때나 아무 방향으로 표류하는 에피쿠로스적인 원자의 일탈 운동 못지않은 터무니없는 분출"에 불과한 상태로 스스로를 전락시키는 결과를 자초하게 될 것이다(Beauvoir, 1947/2003: 33). 이러한 맥락에서 보부아르는 인간이 진정한 의미에서 인간으로 존재하려면 "자연발생적(spontanée)" 자유로 살아가는 것에 만족하는 대신 "스스로 자유롭길 원하는" 능동적인 삶의 자세를 지녀야 한다고 주장한다(Beauvoir, 1947/2003: 33).

그렇다면 스스로 자유롭길 원한다는 것은 무엇을 의미하

는가? 보부아르에 따르면 이는 스스로 목표를 설정하고 자신만의 개별적이고 구체적인 움직임을 통해 그 목표를 달성하기 위해 노력하는 자세를 뜻한다. 보부아르는 이러한 노력을 통해서만 우리의 삶이 의미와 가치를 지닌 것으로 정당화될 수 있다고 보았으며, 인간이 이러한 자세로 삶에 임할 때에만 "하나의 참된 자유"로 존재할 수 있게 된다고 단언했다(Beauvoir, 1947/2003: 33). 더 나아가 이렇게 참된 자유로 존재하기 위해 노력하는 삶을 윤리적 실존으로 규정했다. 아울러 이러한 자유야말로 윤리적 실존의 전제를 이루는, 참된 수준에 도달한 자유의 모습에 해당한다고 주장하면서 "윤리적 자유(la liberté morale)"라 칭했다(Beauvoir, 1947/2003: 35).

상황 속에 놓인 자유

자연발생적 자유를 윤리적 자유로 끌어올리기란 결코 쉬운 일이 아니다. 실존의 애매성으로 말미암아 인간은 절대적 자유가 아니라 '상황 속에 놓인 자유(la liberté dans la situation)'로 살아갈 수밖에 없기 때문이다. 상황 속에 놓인 자유란 상황이라는 외적 조건과 서로 영향을 주고받는 상태에 놓인 자유를 의미한다. 즉 상황 속에 놓인 자유는 인간 존재가 개별적인 초월의 움직임을 통해 자신의 삶에 의미와 가치를 직접 부여하기 위해 끊임없이 노력해야 하지만, 이와 동시에 그 움직임에 한계를 가하는 외적 요인들 또한 고려하며 살아가야 한다는 사실을 지칭하는 개념이다.

사르트르가 ≪존재와 무≫를 집필할 당시만 하더라도 인간이 절대적 자유로 존재한다고 보았던 것과 달리, 보부아르는 초기부터 이미 자유의 상대성을 주장했다. 보부아르는 가부장제 사회 안의 여성 혹은 백인이 지배하는 사회 속의 흑인 노예처럼 스스로를 자유로 구현할 수 있는 가능성 자체가 애초부터 차단된 상황 속에서 삶을 영위하는 이들의 존재에 주목한다. 보부아르에 따르면 이들은 본인이 아무리 자유롭길 원한다 할지라도 스스로를 자유로 구현할 수 있는 수단 자체를 전적으로 박탈당했기에 외부에서 주어진 규범과 질서에 순응한 상태로 삶을 영위할 수밖에 없다. 따라서 이들은 인간이 절대적 자유가 아니라 상황이라는 외적 조건에 의해 영향을 받는 자유, 즉 상황 속에 놓인 자유로 살아가는 존재임을 증명하는 결정적 사례에 해당한다.

여기서 잠시 '자기기만' 문제로 되돌아가, 상황 속에 놓인 자유 개념이 보부아르에게 다시 한번 사르트르와 다른 관점에서 이 자기기만 문제를 바라볼 수 있는 가능성을 열어 주었다는 점을 짚고 넘어가 보자. 자유의 절대성을 주장했던 사르트르는 인간이 처하게 되는 모든 상황이 결국 인간 스스로가 자신의 자유에 입각해 택한 결과에 해당한다고 간주한다. 따라서 자기기만 역시 자유로운 선택의 산물로 규정되며, 자기기만과 관련해 비판해야 하는 대상은 자유로서의 인간 그 자체로 설정된다.

반면 상황 속에 놓인 자유 개념은 보부아르로 하여금 자기기만을 선택한 자와 더불어 그러한 선택을 하도록 강제한 상황까지도 비판의 대상으로 삼도록 했다. 보부아르에 따르면 스스로 자유를 포기한 것이 아니라 자유를 포기하도록 강요받은 이들의 경우, 비윤리적이라는 비판을 우선적으로 받아 마땅한 쪽은 포기를 강요받은 이들이 아니라 포기를 강요한 이들이다. 이 경우 자유를 포기하도록 강요받은 이들이 자신의 의지에 입각해 포기를 선택했다고 볼 수 없기 때문이다. 자기기만에 대한 이러한 관점은 훗날 보부아르가 ≪제2의 성≫에서 여성이 처한 타자로서 상황을 분석하는 과정에서, 이러한 상황에 머물러 온 여성보다 이러한 상황을 야기한 가부장제를 주된 비판의 대상으로 삼게 된 이유를 알 수 있는 근거가 된다.

이처럼 인간이 상황 속에 놓인 자유로 존재한다는 사실

은 윤리적 자유가 끊임없는 움직임 속에서 구현되는 개별적 자유와, 그러한 움직임에 제한을 가하는 외적인 힘을 동시에 고려할 때에만 비로소 구현될 수 있는 것임을 보여 준다. 예를 들어 책을 쓰고 있는 내 행위가 나만을 위한 자폐적 행위를 의미하는 수준을 넘어 '세계 내 존재'로서 행하는 행위로서 의미와 가치를 지니려면 외부의 평가 역시 고려의 대상이 될 수밖에 없다. 하지만 이는 결코 쉽지 않은 일이다. 이 때문에 인간은 내 개별적 자유를 무한히 확장하는 것을 방해하는 외적 요인들과 맞닥뜨릴 때면 개별적으로 추구해야 할 가치를 아예 포기한 채 외적 가치와 합일하기를 바라거나, 그와 정반대로 외부 세계를 향한 관심을 아예 거두고서 자기 안으로 침잠하는 길을 택하기 십상이다. 그런데 그 어떤 선택을 하더라도 살아 있는 한 인간은 인간으로 남을 수밖에 없으며, 그렇기에 자유로 존재하기 마련이다. 하지만 보부아르에 따르면 이때의 자유는 "내용과 진실이 전적으로 비워진 채" "추상적인 개념"으로만 남은, 자연발생적 자유에 불과하다(Beauvoir, 1947/2003: 38). 그렇기에 이러한 선택을 한 자는 결국 스스로를 윤리적 주체로 끌어올리기를 포기한, 자기기만으로 가는 길을 택한 것이나 다름없다고 볼 수 있다.

실존주의적 회심

보부아르가 말하는 참된 실존의 주체는 자연발생적 자유를 윤리적 자유의 수준으로 끌어올리려는 노력을 멈추지 않으면서 자기기만의 함정에 빠지지 않기 위해 애쓰는 자라고 할 수 있다. 보부아르는 이러한 주체를 가리켜 '실존주의적 회심(la conversion existentialiste)'을 이룬 자로 규정한다. 'conversion'은 주로 종교 영역에서 사용되는 단어로, 국내에서는 거짓 신앙에서 벗어나 참된 신앙으로의 이행을 의미하는 '개종'으로 번역된다. 철학 영역에서는 'conversion'이 다른 삶을 살기 위해 기존의 삶의 방식을 버리는 과정을 지칭하는 용어로 사용되는데, 이러한 의미의 연장선상에서 보부아르와 사르트르는 이 용어를 윤리적 실존의 계기가 되는 의식적 각성을 지칭하는 데 사용한다. [이 책에서는 conversion의 번역어로 "종교적 전환에 버금가는 도덕적 변화"의 효과는 드러내되 종교성에 국한되지 않는 변화를 지칭하기 위해 '회심(回心)'을 사용할 것을 제안한 국내 사르트르 연구자 윤정임에 동의하며 conversion을 회심으로 번역한다(윤정임, 2017: 52).]

보부아르에 따르면 실존주의적 회심은 현상을 객관적으로 파악하기 위해 후설이 내세운 '환원(la réduction)'에 가까운 개념이다. 후설의 현상학에서 환원은 현상을 객관적으로 파악하기 위해 의식을 사로잡고 있던 일상적인 편견의 작동을 잠시 중단시킨 후 현상을 있는 그대로 기술하려는, 일종의 판단중지 상태를 지칭한다. 보부아르는 이러한 후설의 환원 개념을 빌려 와, "존재의 의지를 '괄호 안에 넣은' 결과, 자신의 참된 조건에 대한 의식으로 되돌려 보내진" 인간 상태를 지칭하는 개념으로 실존주의적 회심을 제시한다(Beauvoir, 1947/2003: 19). 보부아르에 따르면 실존주의적 회심에 이른 자는 애매성을 실존의 본질적 조건으로 수용하기에 이른 덕분에 대자와 즉자의 불가능한 합일을 지향하는, 즉 "자신의 실존을 존재로 변화"시키려 하는 헛된 욕망을 좇길 거부할 수 있게 된다(Beauvoir, 1947/2003: 20). 그 대신에 그는 자신의 실존이 자기에게 주어진 조건 '속'에서 자신이 '행하는 바'에 의해서만 정당화될 수 있다는 점을 명확히 인식한다. 그렇기에 그는 애매한 실존 현실 속에서 경험할 수밖에 없는 자유의 한계 상황을 부정하거나 극복하려 애쓰지 않는다. 오히려 그는 그 한계를 기꺼이 감수하면서 개별성에 입각해 자신이 설정한 목표를 이루기 위해 행동하려 끊임없이 노력한다. 그 노력이야말로 자신의 실존을 정당화할 수 있는 유일한 길에 해당한다는 사실을 잘 알고 있기 때문이다. 보부아르는 이렇게 윤리적 회심을 이룬 자를 윤리적 자유에 입각해 실존을 영위하려 노력하는 "참된 인간(l'homme authentique)"이라 칭하면서(Beauvoir, 1947/2003: 19) 실존주의적 회심을 윤리적 실존의 시작을 알리는 출발점으로 보는 입장을 명확히 드러낸다.

참고문헌

윤정임(2017). "진정성 개념과 ≪성자 주네≫의 회심". ≪프랑스학연구≫, 80, 43-70쪽.

Beauvoir, S. de(1947/2003). Pour une morale de l'ambiguïté. *Pour une morale de l'ambiguïté suivi de Pyrrhus et Cinéas*, pp. 11-197. Gallimard.

05
하급인간

자기기만에 빠져 자연발생적 자유를 윤리적 자유로 끌어올리려는 노력을 포기한 자는 윤리적 차원에서 하위 등급에 속하는 인간이라 할 수 있다. 보부아르가 이러한 자를 가리켜 하급인간이라 칭한 것은 이 때문이다. 보부아르에 따르면 하급인간은 크게 근엄한 자, 허무주의자, 모험가, 열정가로 세분화할 수 있다.

자연발생적 자유로 머무는 자

보부아르가 말하는 '참된 인간'은 구체적으로 어떠한 모습을 하고 있을까? 사실 보부아르가 쓴 글 그 어디에서도 이 질문에 대한 명확한 답을 찾을 수 없다. 실존의 본질을 애매성에서 찾았던 철학자답게, 윤리적 실존을 구체적으로 형상화하면 실존의 열린 의미를 닫힌 것으로 왜곡하게 될지 모른다고 염려했기 때문이다. 따라서 보부아르는 자기기만에 빠진 다양한 인간 유형 사례를 제시해 독자로 하여금 이들을 반면교사로 삼아 참된 인간상을 직접 생각해 보게 하는, 일종의 우회 전략을 구사한다. 보부아르가 말하는 진정한 인간상을 그려 보기 위해 그가 자기기만에 사로잡힌 자들을 어떻게 제시하고 있는지 살펴볼 필요가 있는 것은 이 때문이다.

기본적으로 보부아르는 자기기만에 빠진 인간을 '자연발생적 자유를 윤리적 자유로 끌어올리려고 노력하기를 포기한 자'로 규정한다. 그는 자연발생적 자유의 상태를 유지하고 있다는 점에서는 여전히 인간이지만, 보부아르의 관점에서 보자면 더 높은 수준에 속하는 실존을 영위하지는 못하고 있기에 윤리적 차원에서는 하위 등급에 속하는 인간이라고 할 수 있다. 이러한 맥락에서 보부아르는 그를 "하급인간(le sous-homme)"이라 칭하고, 이러한 인간 유형에 속하는 자들의 공통점을 다음과 같이 설명한다.

> 실존한다는 것은 존재가 결여된 상태가 되는 것이자, 세상 속에 스스로를 내던지는 것이다. 이 본래적 움직임을 억누르려 애쓰는 자들을 하급인간으로 여겨도 좋다. 이들은 눈과 귀를 지니고 있으나 어린 시절부터 사랑도 욕망도 느끼지 못하는, 눈멀고 귀먹은 상태가 되어 버렸다. 이러한 무감각은 실존 앞에서 그리고 실존이 내포한 위험과 긴장 앞에서 느끼는 근본적인 두려움의 표현이다. 하급인간은 인간의 조건에 해당하는 열정을, 늘 목표와 어긋나곤 하는 존재를 향한 도약에서 비롯하는 괴로움과 실패를 거부한다. 하지만 그로 인해 그가 거부하게 되는 것은 바로 실존 그 자체다.… 그래도 그는 실존하고 있다. 자기 자신을 뛰어넘고, 몇 가지 목표를 겨냥하고, 몇몇 가치의 경계를 설정하고 있기 때문이다. 그러나 얼마 안 가서 그는 이 불확실한 모호함을 지워 버릴 것이며, 그가 하는 모든 행위는 그 행위가 목표로 삼고 있는 바의 무효화를 지향할 것이고, 일관성 없는 기획, 무질서한 변덕 혹은 무관심으로 말미암아 그는 자신의 초월이 지닌 의미를 무로 돌아가게 할 것이다. 따라서 그의 행위는 절대로 긍정적인 선택이랄 수 없는, 그저 도피에 불과하다. 그가 세상 속에

현존하지 않을 수 있는 방도는 없다. 그러나 그는 헐벗은 사실성의 차원에서 현존을 유지하고 있을 따름이다.(Beauvoir, 1947/2003: 56-57)

보부아르에 따르면 하급인간은 실존의 애매성을 받아들이길 거부한 채 애매성이 야기하기 마련인 실존적 긴장과 불안에서 해방되길 꿈꾸는 자들이며, "존재를 향한 도약"을 포기한 자다. 따라서 하급인간은 결여 혹은 존재로 요약되는, 실존의 영역을 벗어난 양극단 중 하나와 자기 자신을 동일시하는 상태에 빠지고 만다. 그 결과 결국 그가 하는 모든 행위는 순간적으로 주어진 일시적 목표들만 난무하거나, 더 심각하게는 목표 자체가 아예 부재한 무의미한 "도피" 행위로 전락하고 만다. 이렇게 자신의 행위에서 창조적 의미를 비워 냄으로써 그가 최종적으로 거부하게 되는 것은 실존의 애매성이 아니라 실존 그 자체다. 그 결과 그는 진정한 의미에서의 대자 즉 '현재 있는 것으로 아니 있으려는 것' 혹은 '현재 아니 있는 것으로 있는 것'에서 멀어져, "헐벗은 사실성의 차원에서 현존을 유지하고 있을 따름"인 상태 즉 즉자에 더 가까워진 상태의 인간이 되고 만다.

하급인간의 유형

하급인간은 자연발생적 자유를 윤리적 자유로 끌어올리려는 노력을 포기한 자라는 점에서 비윤리적 인간으로 묶일 수 있다. 보부아르는 하급인간을 '근엄한 자(l'homme sérieux)', '허무주의자(le nihiliste)', '모험가(l'avanturier)', '열정가(le passionné)'의 네 가지 유형으로 세분화해 하급인간이 택한 삶의 방식이 왜 비윤리적일 수밖에 없는지 차근차근 설명해 나간다.

보부아르에 따르면 하급인간은 우선 '근엄한 자'의 모습을 지닌다. 근엄한 자는 사르트르가 ≪존재와 무≫에서 '근엄한 정신(l'esprit sérieux)'이라 칭한 자기기만적 인간 유형과 동일한 부류로, 인간이 개별적 자유에 입각해 자신의 가능성을 직접 창조해 나가는 존재임을 부정하고 부, 명예, 권력 등과 같이 외부에서 주어지는 가치들에 자신의 삶을 맞춰 나가려 하는 자들을 통칭한다. 보부아르는 실존을 위한 개별적 움직임을 포기한 자에 해당하는 하급인간이 외부 세계에서 주어지는 보편적 가치와 합일해 자기 삶을 정당화하려는 근엄한 인간의 모습을 지니게 되는 것은 논리적으로 필연적 결과일 수밖에 없다고 보았다. 보부아르에 따르면 근엄한 자는 외적으로 주어진 가치를 절대적 목적으로 삼고, 그 가치의 노예로 전락한 상태에서 모든 일의 가치를 목적 달성을 위한 유용성의 관점에서만 파악하며, 자신의 삶을 구체적이고 개별적인 내용과 가치로 채워 나가는 일에는 극단적일 만큼 무관심하다. 그 결과 그가 맛보게 되는 것은 공허함뿐이다. 존재의 결여로 살아갈 수밖에 없는 인간의 숙명이 그가 원하는 합일 상태에 도달하는 것을 절대 허락하지 않기 때문이다. 따라서 그에게 삶은 실패와 좌절의 연속으로만 인식되며, 자신의 자유는 "무관심이 빚어 낸 자유의 텅 비어 있고 부조리한 형태"로만 구현되는 것으로 비치기에 이른다(Beauvoir, 1947/2003: 62).

보편적 가치와 합일하기에 실패한 경험이 야기한 두려움은 근엄한 자를 '허무주의자'로 전락시킬 가능성을 다분하게 지닌다. 허무주의자는 보편적 가치와의 합일이 실패로 돌아간 경험에서 맛본 두려움으로 말미암아, 그 전과는 정반대로 자신을 무와 동일시하는 상태에 빠진 이를 지칭한다. 보부아르에 따르면 허무주의자는 근엄한 자에 비해 실존의 진실에 조금은 더 다가섰다고 할 수 있다. 적어도 존재와의 합일이 불가능하다는 사실은 알고 있기 때문이다. 하지만 인간을 결여 그 자체로서만 규정하고 그 결여를 메꿀 수 있는 가능성이 자신에게 있다는 사실을 깨닫지 못했다는 점에서 허무주의자 또한 참되지 않은 실존을 영위하는 하급인간에 속하기는 마찬가지다. 허무주의에 사로잡힌 이들은 세상에 대한 극단적 증오에 빠져 세계의 소멸을 꿈꾸기도 하고, 세상과 더불어 자기 자신의 소멸까지 바라는 경향에 젖어 들기도 한다. 더 극단적으로는 타인의 존재를 말살하려는 욕망을 직접 실천으로 옮기기도 하는데, 보부아르는 그에 해당하는 경우로 나치를 들고 있다.

물론 보편적 가치와 합일을 이루는 데 실패한 자들이 무조건 허무주의자의 태도를 보이는 것은 아니다. 어떤 이들은 합일의 실패를 겪은 후 결여라는 존재론적 숙명을 살아가는 즐거움과 연결하기도 한다. 보부아르는 이들을 가리켜 '모험가'라 칭한다. 이러한 유형에 속한 이들은 삶을 정당화해 줄 근거를 외부 세계에서는 결코 발견할 수 없다는 사실을 절망적으로 받아들이는 대신, 살아가는 즐거움 그 자체로 받아들인다. 그렇기에 일견 모험가의 삶은 윤리적 실존에 가까운 상태에 놓인 것으로 비친다. 하지만 보부아르는 모험가 또한 윤리적 인간과 거리가 멀 확률이 높다고 말한다. 모험가가 실존의 가장 기본적인 진실, 즉 목표를 향해 나아가는 과정 중에서 자신이 택한 행위의 내용이 자기 삶의 의미와 가치를 만든다는 진실에 여전히 눈을 감은 채 '목적을 향해 나아가는 행위만'을 중시할 소지 즉 "행위의 내용과 무관한 자유"만을 중시할 소지를 다분히 지니기 때문이다(Beauvoir, 1947/2003: 74). 보부아르의 입장에서 보자면 모험가는 "모험이라는 행위가 지닌 인간적 의미"에는 관심을 두지 않은 채 모든 것을 목적 달성을 위한 수단으로서만 파악하는 경향에 빠진 결과, 결국 독재자의 길에 들어서게 될 위험에 빈번하게 노출될 수밖에 없는 자라고 할 수 있다(Beauvoir, 1947/2003: 78).

하급인간의 마지막 부류로 보부아르가 제시하고 있는 유형은 '열정가'다. 근엄한 자와 마찬가지로 열정가는 대상을 향한 맹목적 믿음과 소유욕을 지닌다. 하지만 근엄한 자가 철저히 외적 가치에 근거해 대상을 설정하는 것과 달리, 열정가는 오직 자신이 주관적으로 설정한 가치만을 근거로 대상을 설정한다. 열정가의 태도는 자기가 사랑하는 것이 지닌 가치가 오직 자신의 평가에 의해서만 결정되길 바라는 마음, 오히려 자신이 사랑하는 것이 자기 이외의 그 누구에게도 인정받지 못하는 존재가 되길 바라는 마음으로 요약될 수 있다. 보부아르는 이러한 열정을 "광적(maniaque)" 열정이라 칭하고, 자신의 존재를 드러내는 동시에 이를 통해 "탐낼 만한 대상들과 마음을 움직이는 의미들로 세상을 가득 채우는 데 기여하는" "포용적인 열정들(des passions généreuses)"과 구분해야 한다고 주장한다(Beauvoir, 1947/2003: 82). 보부아르에 따르면 광적 열정

아래 행해지는 모든 행위는 자기 자신을 세상에 드러냄으로써 느낄 수 있는 실존의 기쁨 대신 오로지 대상을 소유하려는 고집과 소유했다는 환상에서 오는 자기만족만을 느끼게 할 뿐이다. 또한 광적 열정에 사로잡힌 이들은 타인과 절대적으로 분리된 상태에서만 자신의 주체성을 구현하려 하기 때문에, 이들에게 "전 세계는, 자신의 존재와 관계를 맺고 있는 사물들에 도달하기 위해 거쳐야 하는 수단 또는 장애물의 총체로서만 파악될 뿐이다"(Beauvoir, 1947/2003: 83-84). 그렇기에 보부아르는 모험가 역시 사람들을 주저 없이 사물로 취급하는 독재자가 될 확률이 높은 인간 유형에 해당한다고 단언한다.

참고문헌

Beauvoir, S. de(1947/2003). Pour une morale de l'ambiguïté. *Pour une morale de l'ambiguïté suivi de Pyrrhus et Cinéas*, pp. 11–197. Gallimard.

06
윤리적 실존의 원리

하급인간을 반면교사 삼아 윤리적 실존의 원리를 유추하면 다음과 같이 세 가지로 요약할 수 있다. 첫째, 개별적 행위를 통해 자기 자신과 세상을 현존하는 것으로 드러내려 지속적으로 노력해야 한다. 둘째, 나와 타인이 개별적 주체로 살아가며 동시에 저마다의 자유가 서로 연결되어 있다는 사실을 명확히 인식하고 모두의 자유를 존중하기 위해 노력해야 한다. 셋째, 실존은 다양한 자유가 지속적으로 충돌하는 전장임을 받아들이고, 그러한 충돌이 야기하기 마련인 항구적 긴장을 기꺼이 감수하면서 모든 인간을 개별적 자유로 드러내기 위한 노력을 멈추지 말아야 한다.

개별적 행위를 통해 존재를 드러내기

하급인간의 네 가지 유형은 인간을 하급인간으로 전락시키는 주요 암초를 드러내 보인다는 점에서 중요하다. 이 암초를 반면교사 삼아 윤리적 자유에 기반을 둔 참된 실존의 원리를 유추할 수 있기 때문이다.

그 첫 번째 원리로 존재를 드러내기 위한 개별적 노력을 멈추지 않는 자세를 들 수 있다. '존재를 드러내려 한다'는 것은 정확히 무엇을 말하는 것일까? 우선 이 원리는 실존주의에서 보편적으로 이야기되는, 인간의 '존재하려 하는 욕망(le désir d'être)'을 보부아르가 윤리적 관점에서 재해석한 데서 비롯한다. 존재의 결여로 규정되는 인간에게 존재하려 하는 욕망은 근원적인 것이라 할 수 있으며, 인간이 대자의 방식으로 존재하게 되는 것 또한 바로 이 욕망에서 기인한다. 이러한 맥락에서 사르트르는 "존재의 결여"와 "존재하려 하는 욕망" 그리고 "대자"가 서로 등식을 이루고 있다고 말하기도 했다(Sartre, 1943/1976 : 610).

그런데 자신에게 결여된 존재를 향한 인간의 이 욕망은, 즉자의 방식으로 현존하는 구체적 대상을 '소유'하고 그것과 자신을 동일시하는 방식에 입각해 존재의 결여를 메꿀 수 있다는 환상을 품도록 인간을 이끌곤 한다. 하지만 존재를 소유하려 하는 인간의 모든 시도가 실패로 귀결할 수밖에 없다는 점을 고려할 때, 이는 결코 이루어질 수 없는 바람이다. 따라서 실존주의에서 기본적으로 소유의 욕망은 인간이 대자에 해당한다는 사실을 부정하려는 자기기만적 욕망으로 간주된다. 이처럼 소유의 욕망에 지나치게 초점을 맞추면서 존재하려 하는 욕망을 사고하면, 인간의 숙명인 결여가 지닌 비윤리적 측면을 지나치게 부각하는 결과를 초래할 확률이 높다.

보부아르는 이러한 위험을 인식하고서, 존재하려 하는 욕망이 인간으로 하여금 존재를 드러내려 하는 욕망을 지니도록 이끄는 근원적 욕망에 해당한다는 점을 부각한다. 존재하려 하는 욕망에 대한 보부아르의 이러한 접근 방식은 인간의 실존이 지닌 애매성을 긍정적으로 재인식할 수 있는 길을 열어 준다는 점에서 상당한 의의를 지닌다.

그렇다면 존재를 드러내려 하는 욕망이란 구체적으로 무엇을 말하는 것일까? 다음 구문에서 이 질문에 대한 답을 찾을 수 있다.

> 그런데 넘어서는 이 행위는 그것이 지닌 내용이 미래를 닫는 대신 그와는 정반대로 새로운 가능성을 그리고 있을 때에만 수긍할 만한 것이 된다. 이렇게 될 때 그 행위는 우리가 이미

> 겨냥했던 바를 향하도록 우리를 또 다른 길로 이끈다. 이렇듯 나의 자유는 존재를 움켜잡는 대신 존재를 드러내도록 애써야 한다. 드러낸다는 것은 존재에서 실존으로의 이행에 해당한다. 존재가 늘 결여되어 있는 그 두터운 겹을 통과해 실존을 쟁취하는 것, 이것이 바로 자유가 추구하는 목표다.(Beauvoir, 1947/2003: 39-40)

보부아르는 이 구문에서 존재와의 합일 불가능성을 인간의 숙명으로 보는 관점을 전제하되 그 불가능성이 야기한 또 다른 숙명이라 할 수 있는, 지속적 초월 행위에 구속되어 있는 인간의 존재론적 현실을 긍정적으로 재조명하려는 포부를 드러낸다. 인간의 초월 행위가 미래를 '닫는' 것이 아니라 새로운 가능성을 '여는' 행위에 해당한다는 점을 강조함으로써 말이다. 이러한 맥락 속에서 존재를 향한 인간의 초월 행위는 존재를 움켜잡는 것이 아니라 '존재를 드러내는 것'을 목표로 삼는 행위로 재탄생하기에 이른다. 인간이 초월 행위를 통해 스스로를 세상에 현존하는 자로 드러낼 수 있게 된다는 점과 더불어 결과적으로 초월의 대상 역시 현존하는 것으로 드러나도록 한다는 점에서, 초월 행위는 존재를 드러내는 행위라 할 수 있기 때문이다. 즉 보부아르를 거쳐 인간의 초월 행위는 행위의 주체는 물론이거니와 그 대상에 해당하는 세계 역시 현존하는 것으로 자신을 드러낼 수 있게 하는, 긍정적 행위로 재규정된다. 아울러 초월 행위가 시작되는 근원적 출발점이라 할 수 있는 존재의 결여라는 숙명 역시 긍정적 가치를 지닌 존재론적 본질로 인식할 수 있는 가능성이 열린다.

보부아르에 따르면 존재를 드러내려 하는 욕망은 실존주의적 회심에 이른 자만이 지닐 수 있는 윤리적 욕망이라 할 수 있다. 존재를 드러내려 하는 자는 인간이라는 이유만으로 주어지는 자연발생적 자유를 향유하는 데 만족하는 대신 직접 설정한 목표를 달성하기 위해 자신이 할 수 있는 바를 하고자 끊임없이 노력하기 때문이다. 따라서 존재를 드러내려 하는 자는 윤리적 자유로 살아가기 위해 노력하는 자라 할 수 있다. 이러한 맥락에서 보부아르는 “자유를 바라는 것”과 “존재를 드러내길 바라는 것”은 “끊임없는 초월적 움직임 속에서 존재를 실존으로 변화시키는 자유의 긍정적이고 건설적인 행보”, 즉 자유의 “참된 면모”를 보여 주는 “유일하면서도 동일한 선택”에 해당한다고 단언한다(Beauvoir, 1947/2003: 99).

타인의 자유에 대한 존중

윤리적 실존의 첫 번째 원리와 관련해 이제 우리는 다음과 같은 질문을 던져 볼 수 있다. 자신이 할 수 있는 것을 함으로써 존재를 드러내기 위해 노력하는 자세는 그 자체로 윤리적 실존의 충분조건이라 할 수 있는가? 즉 개별성에 입각해 존재를 드러내기 위해 내가 행하는 모든 행동은 그 자체로 윤리적인가?

이러한 질문이 제기되는 까닭은 인간이 세계 내 존재로 규정되며 그렇기에 이 세계를 이루고 있는 무수한 타인과 관계를 맺으며 살아갈 수밖에 없는 '대타존재(l'être-pour autrui)'에 해당하기 때문이다. 실제로 인간은 개별적 자유로 존재하기도 하지만 타인이라는 또 다른 개별적 자유와 더불어 살아가야만 하는 운명을 지니고 있기도 하다. 이 운명은 내 자유를 구현하는 행위와 타인의 자유를 구현하는 행위 사이에 긴장 관계가 형성되도록 해, 인간이 실존 과정에서 수많은 모순과 갈등에 직면하도록 한다. 내가 내 자유에 기반해 행하는 행위는 타인의 자유에 해를 가할 수도 있고, 타인의 자유를 확장할 수도 있다. 따라서 인간이 자유로운 주체인 동시에 타인이라는 또 다른 자유로운 주체와 함께 살아가는 존재라는 사실을 인정하는 순간, 우리는 내 행위가 타인의 자유에 미치는 영향에 대한 고민에 빠져든다. 이는 타인의 자유에 대해 내가 취하는 태도가 곧 나 자신을 드러내는 행위가 지니게 될 윤리적 가치를 결정하는 중요한 판단 근거들 중 하나로 작용한다는 것을 보여 준다.

우리의 실존을 참된 수준에 한 발짝 더 다가서게 하려면 타인의 자유에 어떠한 태도를 취해야 할까? 보부아르는 우리가 우선적으로 취해야 하는 단 하나의 태도를 꼽는다면 그것은 바로 타인의 자유를 존중하는 태도라고 말한다.

내가 나 자신의 자유에 입각해 행한 행위가 타인에게 하나의 상황을 제공하게 되는 것과 마찬가지로, 타인의 행위 또한 나에게 상황으로 작용한다. 이때 타인이 제공하는 그 상황이 내가 자유를 구현하는 데 장애물이 아니라 디딤돌로 작용할 때에만, 나는 나 자신의 실존적 가능성을 확장할 수 있다. 이는 내 실존적 가능성을 확장하려면 우선 나 자신부터 타인의 자유를 존중하면서 그에게 도움이 될 만한 상황을 만들 수 있도록 행동해야 한다는 사실을 시사한다. 그렇게 할 때에만 타인 역시 나에게 해가 되지 않는 선에서 자신의 행동 방향을 결정지을 확률이 높아질 것이기 때문이다. 보부아르는 타인의 자유를 존중하는 것이야말로 실존을 위한 내 노력을 성공으로 이끄는 데 필요한 "제1의 조건"이라고 단언한다(Beauvoir, 1944/2003: 305). 더 나아가

"해방된 노예에게 새로운 가능성이 열리는 동시에, 이 노예를 통해 모든 인간에게 그 가능성이 열릴 수 있도록" 할 때 인간은 진정한 자유의 구현을 경험하게 된다고 역설하기도 했다(Beauvoir, 1947/2003: 108). 보부아르는 "실존을 원하는 것과 세계를 드러내길 원하는 것, 자유로운 인간들을 원하는 것은 동일한 의지에 해당한다"라고 단언하면서(Beauvoir, 1947/2003: 108), 타인의 자유에 대한 존중과 나 자신을 진정한 자유로 구현하기 위한 노력을 동일한 것으로 여기는 자신의 입장을 다시 한번 명확히 했다.

보부아르는 나의 실존을 향한 의지와 타인의 자유를 존중하려 하는 의지를 동일한 것으로 받아들인 인간을 가리켜 "포용적 인간(l'homme généreux)"이라 칭한다(Beauvoir, 1944/2003: 277). 이때의 포용적 인간이 이타적 인간과 동의어가 아니라는 점을 유념해야 한다. 보부아르의 관점에서 타인을 위해 무엇인가를 한다는 것은 그 자체로 불가능하다. 그뿐 아니라 그러한 행위는 타인의 자유를 존중하기는커녕 오히려 억압하는 행위로 전락할 가능성이 높다. 포용적 인간은 나와 타인이 개별적 자유로 존재하고 있음을 인식하는 자다. 따라서 포용적 인간은 자신이 행하는 모든 행위가 타인의 자유에 근본적 영향을 끼치기란 불가능하며, 오직 타인의 자유의 '바깥' 즉 타인의 상황에만 가닿을 수 있을 뿐이라는 것을 잘 알고 있는 자다. 하지만 동시에 포용적 인간은 자신의 행위가 타인에게 새로운 상황을 제공하게 된다는 점으로 미루어 나와 타인의 자유가 절대적 분리 상태가 아니라 상호적으로 연결된 상태에 놓여 있다는 사실을 깨달은 자이기도 하다. 즉 포용적 인간은 자신이 '상황을 넘어서는' 자유로 존재하는 동시에 '타인이 만든 결과물'에 해당하는 어느 상황 속에 살고 있는 존재임을 명확하게 인식한 자다. 따라서 보부아르가 말하는 포용적 인간이란 나와 타인이 개별적 주체로 살아가고 있다는 사실에 대한 '인식'에서, 실존 주체들 간의 자유가 서로 연결되어 있는 실존 조건에 대한 '재인식'을 이끌어 낼 수 있는 명철한 정신을 지닌다고 할 수 있다. 또한 그렇기에 포용적 인간은 실존하려 하는 의지와 타인의 자유를 존중하려는 의지를 동일한 것으로 받아들인다.

항구적 긴장의 감수

보부아르는 윤리적 실존을 구현할 수 있는 마지막 원리로 실존의 애매성이 유발하는 '항구적 긴장'을 감수하려는 자세를 제시한다. 보부아르에 따르면 애매성 속에서 실존을 영위해야만 하는 인간이 살아가는 세상은 다양한 자유들이 서로 충돌하는 "전장"이라 할 수 있다(Beauvoir, 1947/2003: 147). 따라서 실존은 오직 자유를 쟁취하기 위한 끝없는 과정으로서만 존재할 뿐이며, 그 과정에서 인간은 절대적으로 완성된 끝을 결코 맞이할 수 없다. 더 나아가 인간이 유한한 존재임을 감안한다면, 우리는 더더욱 '절대적으로 완성된 미래'가 아니라 죽음과 더불어 우리의 영향력에서 벗어나 새로운 의미와 가치를 지닌 것으로 변모하게 될 '가변적인 하나의 미래'만을 상정할 수 있을 뿐이다. 따라서 보부아르는 인간이 바랄 수 있는 미래란 "하나의 유한한 미래(un avenir fini)"라고 단언한다(Beauvoir, 1947/2003: 149). 아울러 미래에 대한 이러한 인식 아래 지금 우리가 취할 "어떤 행동의 시의적절함"을 판단하고 "그 유효성을 가늠하려 애쓰면서" 존재를 드러내기 위한 노력을 멈추지 않을 것을 요구한다(Beauvoir, 1947/2003: 152). 또한 그 과정에서 이루어지는 우리의 선택이 우리의 의도와 상관없는 결과들을 초래할 위험을 지니고 있다는 점을 부정할 수 없는 현실로 받아들이길 당부한다. 즉 보부아르는 실존 과정 중에서 경험하게 될 위험 앞에서 물러서지 말고 실존의 애매성이 야기하는 항구적 긴장을 기꺼이 감수해야 한다고 주장한다.

보부아르가 절대적 진리의 존재에 대한 믿음을 기만적인 것으로 여기게 된 이유가 바로 여기에 있다. 그러한 믿음이야말로 온갖 모순을 끊임없이 경험하게 되는 과정이 곧 실존이라는 가장 기본적인 진실에 대한 망각이 낳은, 절대적으로 완성된 끝이 존재하리라고 보는 기만적 믿음의 또 다른 표명으로 보았기 때문이다. 보부아르는 항구적 긴장 속에서 실존을 영위하려면 이러한 환상에 끊임없이 맞서야 한다고 주장하면서, 이러한 투쟁을 가능케 하는 원동력으로 '부정(la négation)'이라는 개념을 제시한다.

이때 부정이란 긍정의 반대말에 국한되지 않는 개념이다. 부정은 보부아르의 주요 개념 도구인 '실존의 애매성'의 실질적 의미에 해당하는 '실존의 비결정성'을 창출할 수 있는 의식의 움직임을 지칭한다. 즉 부정은 영원불변한 의미 속에 실존을 고정하려는 시도를 끊임없이 좌절시킴으로써 초월의 항구적 움직임 혹은 초월의 지속적 구성 작용이라고 특징지을 수 있는, 실존이 지닌 비결정적 측면을 전면에 드러내려 하는 정신적 활동이다. 따라서 부정은 헤겔식 부정, 즉 실존자가 저마다 지닌 개별적 특성과 가치가 절대적 보편성 속에 흡수되어 서로 간의 차이가 소멸된 끝에 천편일률적 동질성이 지배하는 상태에 이르는 것을 최종 목표로 삼는 부정과는 궁극적으로 다르다. 보부아르가 말하는 부정은 이와 정반대다. 개별성에 대한 존중을 기반으로 오히려 그 차이를 드러내는 것을 목표로 하기 때문이다. 실제로 보부아르는 실존주의가 내세우는 부정은 자유를 끝없이 쟁취해 나가는 과정으로서의 실존만을 참된 실존으로 받아들이는 것을 가능케 하는 정신적 활동을 지칭하는 개념으로 이해되어야 한다고 단언했다(Beauvoir, 1947/2003: 18-19).

부정 개념과 관련해 보부아르가 1952년에 발표한 "사드를 화형에 처해야 하는가(Faut-il brûler Sade?)"라는 철학적 글은 상당히 주목할 만하다. 18세기 프랑스 작가인 사드가 문학이라는 상상의 세계 속에서 행하는 폭력적 에로티즘이 지닌 윤리적 의미를 실존주의적 윤리의 관점에 입각해 밝히는 것을 목표로 쓰인 이 글에서, 보부아르는 사드가 그린 폭력적 에로티즘을 부정 개념에 입각해 긍정적 의미를 지닌 것으로 재평가한다. 보부아르에 따르면 헤겔식 체제 속에서 인간의 정신은 긴장과 변혁의 움직임이라는 본래의 상태에서 멀어져 미덕의 관습이 지배하는 부동의 세계 속에 점점 더 깊숙이 발을 담그게 된다. 사드적 영혼을 지닌 자는 이러한 세계에서 인간이 "창백한 유령"이자 "전적인 부재"의 상태로만 남게 되리라는 것을 꿰뚫어 보는 자다(Beauvoir, 1952/1955: 81). 더 나아가 그는 자신이 꿰뚫어 본 진실을 세상과 공유하려는 자이기도 하다. 따라서 그가 폭력적 에로티즘을 실행에 옮기면서 세상을 극단적 혼란 속으로 몰아넣는 것은 세상이 따르고 있는 미덕의 논리에 맞서는 동시에 그 논리에서 인류를 벗어나게 하려는 그만의 방식에 해당한다고 볼 수 있다. 즉 보부아르는 사드적 영혼이 인간을 사물화하는, 소여(le donné)로서의 부동성을 깨뜨릴 수 있는 부정의 구체적인 방식으로 폭력적 에로티즘을 택하고 있다고 보았다.

부정 개념은 항구적 긴장 속에 실존을 영위하기 위해 노력하는 것만이 참된 실존에 가까이 다가설 수 있는 길이라고 보았던 보부아르의 입장을 잘 보여 준다. 아울러 항구적 긴장을 감수한다는 것이 결국 자기 자신을 비롯해 모든 인간을 세상 속에서 개별적 자유로 드러내는 것과 긴밀히 연결된 문제임을 보여 준다. 즉 부정 개념은 보부아르가 제시하려 한 참된 실존의 원리를 종합적으로 이해할 수 있는 단초를 제공한다. 애매성과 더불어 부정은 실존의 윤리에 관한 보부아르의 사유에서 기틀을 이루는 가장 중요한 개념이라 할 수 있다.

참고문헌

Beauvoir, S. de(1944/2003). Pyrrhus et Cinéas. *Pour une morale de l'ambiguïté suivi de Pyrrhus et Cinéas*, pp. 199-316. Gallimard.

Beauvoir, S. de(1947/2003). Pour une morale de l'ambiguïté. *Pour une morale de l'ambiguïté suivi de Pyrrhus et Cinéas*, pp. 11-197. Gallimard.

Beauvoir, S. de(1952/1955). Faut-il brûler Sade?. *Privilèges*, pp. 11-89. Gallimard.

Sartre, J.-P.(1943/1976). *L'être et le néant: essai d'ontologie phénoménologique*. Gallimard.

07
몸

인간은 주어진 조건이 지닌 의미와 가치를 초월적 움직임 속에서 매번 새롭게 재발견하고 재해석하는 존재다. 따라서 인간이 처한 상황 또한 소여의 산물이기만 한 것이 아니라 실존 조건에 따라 변화하고 새롭게 생성되는 가변적 결과물이다. 이러한 맥락에서 보부아르는 몸이란 사물이 아니라 상황이며, 세상에 대한 한 개인의 입장 표명에 해당한다고 주장한다. 아울러 이러한 몸 개념을 출발점으로 삼아 체험적 몸, 상황 속에 놓인 몸에 관한 논의를 전개한다.

상황으로서 몸

데카르트식 전통은 몸에 비해 정신이 우월하다는 전제하에 인간을 생각하는 존재, 즉 정신적 영역에 속한 존재로서만 규정해 왔다. 이와 달리 실존주의는 기본적으로 몸을 정신에 버금가는, 인간 존재를 이루는 필수 요소로 간주한다. 그런데 실존주의 철학자들이 이 공통 전제를 바탕으로 몸의 위상과 기능 등과 관련해 논의를 구체적으로 발전시키는 과정에서 입장이 미묘하게 나뉘었다.

보부아르는 실존주의자들 중에서 몸의 중요성을 특히 강조했던 철학자다. 특히 보부아르는 세계와의 관계 속에서 '끊임없이 형성되어 가는 존재'인 인간이 세계와 맺고 있는 관계 그 자체를 몸이 표현하고 있다는 관점 아래, 몸이 수행하는 역할 그리고 윤리적 실존과 관련해 몸이 지닌 가능성에 지대한 관심을 기울였다.

대자로 규정되는 인간은 초월적 움직임 속에서 자기에게 주어진 조건을 다른 의미와 가치를 지닌 것으로 새롭게 인식해 나가기를 멈추지 않는다. 몸 역시 마찬가지다. 보부아르에 따르면 우선 몸은 탄생과 더불어 인간에게 자연스레 주어지는 소여의 한 부분에 해당한다. 하지만 이와 동시에 인간은 실존 과정에서 자신의 몸을 "이러저러한 특수한 구조"를 "소유"하도록 요구받는 정적인 무언가가 아니라 자신이 행하는 초월적 움직임과 더불어 변화하는 의미와 가치를 지닌 동적인 것으로 인식한다(Beauvoir, 1949/1986: 42). 이러한 맥락에서 보부아르는 몸을 "하나의 사물"이 아니라 "하나의 상황"으로 규정한다(Beauvoir, 1949/1986: 75).

실존주의에서 '상황'이란 우선 자유와 대립하는 것으로, 한 개인의 자유로운 선택과 무관하게 그에게 주어진 실존의 외적 조건을 의미한다. 실존주의적 용어로 표현해 보면 상황은 '사실성(la facticité)'을 지칭하는 개념이다. 하지만 인간이 주어진 조건을 매번 새롭게 변형하는 존재에 해당하는 만큼, 상황 역시 정적인 상태에 머무는 대신 끊임없이 새로운 의미와 가치를 지닌 것으로 재발견되고 재해석된다. 즉 상황은 사실성의 산물이기만 한 것이 아니라 한 개인이 자신의 선택에 입각해 만들어 낸 가변적 결과물이기도 하다. 따라서 보부아르가 제시한 '상황으로서 몸'은 몸을 한 개인이 삶을 어떻게 영위하는가에 따라 변화하고 새롭게 생성되는 실존의 결과물로 간주하는 보부아르의 관점을 드러내 보이는 개념이라 할 수 있다.

보부아르의 관점에 따르면 자기 몸에 대한 우리의 인식은 우리가 세계와 어떠한 관계를 맺고 있는지, 그 관계에 입각해 실존을 어떻게 영위하는지에 따라 달라지기 마련이다. 따라서 보부아르는 몸이 사물이 아니라 상황에 해당하는 동시에 "세상에 대한 우리의 입장 표명이자 우리가 계획한 기투의 밑그림"에 해당한다고 말한다(Beauvoir, 1949/1986: 75). 즉 보부아르는 상황 속에 놓인 자유로서의 인간이 세계와의 관계 속에서 자신의 실존을 어떻게 영위하고 있는지 파악할 수 있는 최초의 가능성이 몸에 있다고 보았으며, 그러한 차원에서 몸의 중요성을 강조했다.

체험적 의미작용의 총체로서 몸

몸에 대한 보부아르의 규정은 ≪존재와 무≫에서 사르트르가 취한 입장보다 ≪지각의 현상학(La Phénoménologie de la Perception)≫(1945)에서 모리스 메를로퐁티(Maurice Merleau-Ponty)가 선보인 입장에 가깝다고 분석할 수 있다. 물론 사르트르 역시 보부아르와 마찬가지로 몸과 의식의 동일성을 주장하면서 몸에 정신에 버금가는 중요성을 부여했다. 사르트르에 따르면 몸이란 의식과 분리되었다가 다시 결합하는 "우연한 첨가물"이 아니라 대자의 방식으로 존재하는 의식의 "항구적 구조"에 해당한다(Sartre,

1943/1976: 367). 즉 사르트르는 의식과 몸이 서로 구별되는 별개의 두 가지 실체가 아니라 동일한 것이라고 주장하며 몸의 중요성을 강조했다.

그럼에도 몸에 대한 사르트르의 입장에는 크게 두 가지 문제가 있다. 우선 ≪존재와 무≫에서 사르트르가 전개한 몸에 대한 성찰이 다소 추상적 수준에 머무르고 있다는 점을 들 수 있다. 얼술라 티드(Ursula Tidd)에 따르면 몸에 대한 사르트르의 관점은 "우리가 경험을 하는 방식 그리고 때때로 그 경험이 조장되는 방식과 관련된 체험들을 소홀히 다루고 있으며", 그 결과 체험을 통해 드러나게 되는 경험들 즉 세계와의 관계 속에서 주체가 겪게 되는 다양한 경험들을 제대로 표현하지 못하기에 이른다(Tidd, 2004: 57).

다른 한편 사르트르는 몸을 의식이 세계와 관계를 맺는 것을 가능케 하는 도구와 같은 것으로 간주함으로써 몸보다 정신을 우월한 것으로 여기는 서구의 전통적 관점을 일부 계승하고 있다는 인상을 자아내기도 한다. 사르트르에 따르면 의식은 '세계 내 존재'이기에 세계와의 관계 맺음은 의식에 일종의 존재론적 숙명에 해당한다. 그런데 그러한 숙명은 의식으로 하여금 즉자의 방식으로 존재하라는 요구에 직면하게 한다. 자기 밖에 존재하는 그 무언가와 관계를 맺는다는 것은 그것을 내가 지향하는 대상으로 '정립하는(poser)' 동시에 나 또한 그것이 지향하는 대상으로 '정립될(se poser)' 것을, 다시 말해 즉자의 방식으로 존재할 것을 내게 요구하기 때문이다. 하지만 무언가를 끊임없이 지향해 나가는 움직임으로 규정되는 의식이 즉자의 방식으로 존재하기란 절대적으로 불가능하다. 따라서 필연적으로 의식은 세계와 관계를 맺으려는 목적 아래 즉자의 방식으로 존재하는 다른 무언가를 매개물로 취할 수밖에 없다. 사르트르는 몸이 바로 그 매개물에 해당한다고 보았다. 사르트르가 인간으로 하여금 세계와 관계 맺는 것을 가능케 하는 "도구로서 사물(chose-ustensile)"로 몸을 규정한 것은 바로 이 때문이다(Sartre, 1943/1976: 359). 이는 곧 사르트르가 몸을 의식이 필요로 하는 '도구'의 일종으로 간주했으며, 그 결과 은연중에 몸에 대한 정신의 우월성을 주장하는 데카르트적 전통의 일부를 계승하고 있음을 보여 준다.

반면 메를로퐁티는 몸이 의식에 종속된 도구가 아니라 인간 존재 그 자체에 해당한다고 보았다. 메를로퐁티에 따르면 인간은 기본적으로 몸과 의식을 통해 세계를 경험하는 존재이기는 하지만 더 근원적으로는 정신보다 몸을 통해 우선적으로 세계를 경험하는, '살화(l'incarnation)'된 존재다.

몸에 관한 메를로퐁티의 관점은 그가 지각을 중요하게

생각한다는 점에서 잘 드러난다. 메를로퐁티는 몸과 의식이 상호의존적 관계를 맺고 있다는 전제에서 출발해, 우선 '대상적 몸(le corps objectif)'과 '체험적 몸(le corps vécu)'을 구분할 것을 주장한다. 대상적 몸은 지각의 대상 차원에 속하는 몸을 지칭한다. 몸의 고유한 측면을 이루는 것은 후자인 체험적 몸이다. 체험적 몸이란 외부에서 주어지는 자극을 내적으로 수용해 의식과 지각을 구성하는 역할을 스스로 수행하는 몸의 차원을 가리키는 것으로, 메를로퐁티는 체험적 몸이야말로 인간의 몸이 지닌 가장 본질적인 측면에 해당한다고 보았다. 아울러 인간이 체험적 몸을 통해 세계를 지각하고 그 의미를 직접 구성해 나가는 주체로 자기 자신을 드러낼 수 있게 된다는 점에 근거해, 의식에 대한 지각의 우선권을 주장하기에 이른다. 이는 곧 메를로퐁티가 세계를 경험하고 또 그 경험을 표현할 수 있는 자체적 능력을 갖추고 있는 것으로 몸을 간주했으며, 심지어 인간을 의식이 아니라 몸을 통해서 세계를 우선적으로 경험하는 존재로 여겼음을 보여 준다. 메를로퐁티가 몸을 "체험적 의미작용의 총체(un ensemble de significations vécues)"로 규정한 것은 이러한 맥락에 바탕한다(Merleau-Ponty, 1945/2005: 190).

보부아르의 '상황으로서 몸' 개념은 메를로퐁티의 몸

개념과 정확히 일치한다고 할 수 있다. 실제로 보부아르는 ≪제2의 성≫을 집필하기에 앞서 발표한 ≪지각의 현상학≫ 서평에서 인간을 살화된 존재로 보는 메를로퐁티의 관점에 전적으로 동의한다는 입장을 표명했다. 아울러 사르트르가 ≪존재와 무≫에서 개진한 몸에 관한 성찰이 주체가 세계와 맺는 과정에서 몸이 수행하는 역할의 중요성을 제대로 파악하지 못했다면서 그 한계를 지적하기도 했다(Beauvoir, 1945: 366-367). 보부아르는 ≪제2의 성≫에서도 ≪지각의 현상학≫에 등장하는 구절을 직접 인용하며 상황으로서 몸 개념을 설명하는 방식으로 메를로퐁티의 관점에 동의하는 입장을 상당히 직접적으로 드러냈다.

상황 속에 놓인 몸

그러나 보부아르가 몸에 관해 메를로퐁티와 무조건적으로 입장을 같이한 것은 아니다. 보부아르는 '상황 속에 놓인 자유' 개념에 입각해 주장했던 자유의 상대성을 토대로 메를로퐁티와 차별화되는 자신만의 성찰을 선보이는 단계로 나아간다.

특히 보부아르는 몸이 자연스레 주체성을 구현하게 된

다고 보았던 메를로퐁티와 달리 개인이 처한 상황에 따라 몸이 주체성 또는 타자성 모두를 구현할 수 있다고 보았다. 몸을 상황 속에 놓인 자유 그 자체에 해당하는 것으로 여긴 셈이다. 보부아르는 이러한 관점에 입각해, 개인의 의지만으로 도저히 어찌할 도리가 없을 정도로 강력한 억압적 상황으로 말미암아 자신을 절대적 타자와 동일시하기에 이른 피억압자의 체험과 자기 몸에 대한 인식에 주목해야 한다고 주장한다. 보부아르가 여성과 노인과 같이 사회에 의해 절대적 타자로 규정된 이들의 현실에 지대한 관심을 기울인 것은 이러한 까닭에서다. 보부아르에게 이들의 존재는 상생의 필요성 앞에서 뒷걸음질하기만 해 온, 나아가 자신의 비겁함을 감추기 위해 그 필요성 자체를 부정해 온 우리 사회의 기만적인 민낯을 드러내는 결정적 증거에 해당한다. 더 나아가 이들이 실질적으로 겪어 온 체험은 인간이 '상황 속에 놓인 몸'으로 존재하고 있음을 단적으로 보여주는 결정적 근거기도 하다.

≪제2의 성≫과 ≪노년≫은 보부아르의 이러한 관심이 낳은 가장 대표적인 결실이다. 이 중에서 ≪제2의 성≫은 여성이 타자성에 갇히게 된 원인 그리고 타자로서 직면하고 있는 현실에 대한 다각적 분석을 시도한 결과물로, 몸에 관한 보부아르의 사유를 이해하기 위해 특히 우선적으로

읽어야만 하는 저서다. 훗날 ≪노년≫에서 시도하는 노인의 현실 분석에 적용되는 개념적 틀과 방법론을 처음으로 그리고 완성도 있는 수준으로 선보였기 때문이다. ≪제2의 성≫에서 보부아르가 몸과 관련해 개진한 논지의 핵심은, 남성과 여성이 처한 상황이 각기 다른 만큼 이들이 겪는 체험과 자기 몸에 대한 인식 또한 다를 수밖에 없다는 주장으로 요약된다. 보부아르는 여성을 태생적으로 열등한 존재이자 그렇기에 절대적 타자의 위치에 영구적으로 머무르기에 마땅한 존재로 규정해 온 가부장제의 이념을 논리적으로 차근차근 해체해 나간다. 그 논리를 요약해 보면 다음과 같다.

첫째, 남성과 여성 간에 부정할 수 없는 생물학적 차이가 존재하는 것은 사실이다.

둘째, 그러나 생물학적 차이가 여성에 대한 남성의 절대적 우월함을 증명하거나 여성에 대한 남성의 지배를 정당화하는 근거가 될 수는 없다. 여성에 대한 남성의 지배는 남성의 신체적 특징이 지배자로서 장점으로 작용할 수 있는, 사회·경제 구조의 출현에 따른 결과일 뿐이기 때문이다. 또한 그 결과로 여성의 몸이 남성의 몸에 비해 열등하며 그러한 열등한 몸의 소유자인 여성 또한 피지배자의 위치에 적합한 존재일 수밖에 없다는 논리가 마치 사실인 것처럼 고착되기에 이르렀기 때문이다. 따라서 여성의 몸은 가부장제 사회 속에서 절대적 타자로 살아가길 강요받는 여성의 상황에 대한 표현 그 자체라고 할 수 있다. 즉 여성은 남성처럼 자신의 몸으로 살아가지만, 가부장제 사회가 그로 하여금 자신의 몸을 타자성의 구현으로서만 경험하게 함으로써 결국 그의 체험을 소외의 경험으로 귀결하도록 하는 한, 여성에게 "자신의 몸은 그 자신과 다르다"고 할 수 있다(Beauvoir, 1949/1986: 69).

셋째, 따라서 남성과 여성이 서로를 자유로운 주체로 인정하고 동등하게 살아가는 사회가 도래한다면 여성의 몸 역시 더 이상 타자성이 아니라 주체성의 구현이자 확장으로 경험되고 인식될 수 있을 것이다. 그러한 사회야말로 윤리적으로 진일보한 사회라 할 수 있으며, 그 안에서 여성과 남성 모두가 진정한 삶의 희열을 맛볼 수 있을 것이다.

몸에 관한 보부아르의 사유는 이러한 맥락에서 '반생물학결정주의(l'anti-biologisme)'를 표방한다고 평가받는다. 보부아르는 ≪제2의 성≫ 출간 이후 약 20년이 흐른 시점에 쓴 ≪노년≫에서 실존주의적 윤리의 틀 안에서 '노화'라는 현상이 지닌 의미를 재조명하면서 다시 한번 반생물학결정주의에 근거해 몸에 관한 사유를 개진한다.

보부아르에 따르면 노화가 우선적으로 생물학적 현상인

것은 맞지만, 그 의미를 생물학적 현상으로만 한정지을 수는 없다. 늙는다는 것은 "정태적 사실"이 아니라 "어떤 과정의 결말이자 연장"이라고 할 수 있기 때문이다(Beauvoir, 1970/2005: 17). 보부아르는 노화의 의미가 "생리적 소여와 심리적 사실들"이 상호작용하는 과정을 거치면서 결정되기 마련이라고 주장한다(Beauvoir, 1970/2005: 15). 아울러 한 개인의 심리 상태가 그가 걸어 온 개인사뿐 아니라 그를 둘러싼 사회적 여건에 의해서도 결정되는 만큼, 우리의 내면에 노쇠에 관한 부정적 인식이 자리 잡게 된 것은 "반육체적 성격"을 띤 "문화적 요인들"이 개입한 결과라는 진단을 내놓는다(Beauvoir, 1970/2005: 46-47). 이때 "반육체적"이라는 표현은 소여로서 몸을 지속적으로 뛰어넘으려는 인간의 존재론적 속성인 초월성을 지칭하는 것으로 이해되어야 한다. 이는 곧 보부아르가 반생물학결정주의에 입각해 몸을 사유하고 있음을 보여 주는 대목이라고 할 수 있다.

참고문헌

Beauvoir, S. de(1945). La Phénoménologie de la Perception de Merleau-Ponty. *Les Temps Modernes*, 2, pp. 363-367.

Beauvoir, S. de(1949/1986). *Le Deuxième sexe I: Les faits et les mythes*. Gallimard.

Beauvoir, S. de(1970/2005). *La Vieillesse*. Gallimard.

Merleau-Ponty, M(1945/2005). *La Phénoménologie de la Perception*. Gallimard.

Sartre, J.-P.(1943/1976). *L'être et le néant: essai d'ontologie phénoménologique*. Gallimard.

Tidd, U.(2004). *Simone de Beauvoir*. Routledge.

08
체험

'상황으로서 몸' 개념은 윤리적 실존의 가능성 창출과 관련해 한 개인이 겪는 체험이 지닌 의미를 이해하는 일이 대단히 중요하다는 사실을 시사한다. 타인의 체험이 지닌 의미를 이해하면 그가 처한 상황 그 자체를 파악할 수 있을 뿐 아니라, 그러한 이해를 바탕으로 타인을 연민하고 나와 타인이 상호적 관계를 맺고 있음을 재인식할 수 있는 가능성이 열리기 시작하기 때문이다.

현실 이해의 계기

'상황으로서 몸' 개념에 따르면 우리는 한 개인이 겪고 있는 체험이 지닌 의미를 이해함으로써 그의 상황 자체를 파악할 수 있다. 이러한 맥락에서 보부아르는 실존했던 혹은 실존하는 다양한 인물들이 타자로서 체험을 직·간접적으로 증언하는 말 또는 글을 기술하는 데 ≪제2의 성≫과 ≪노년≫의 상당 부분을 할애했다.

여성과 노인이 타자성을 자신의 본질로 받아들이게 되는 일차적 요인은 사회의 강압적 논리다. 사회는 자신이 휘두르는 전횡을 정당화하기 위해 여성과 노인이 영위하고 있는 타자로서 삶을 억압의 산물이 아니라 자연의 섭리 등에 따른 필연적 결과인 양 포장해 왔다.

그러나 인간을 자유로운 초월의 주체로 규정하는 실존주의적 관점에서 보았을 때, 사회가 부여한 타자성을 여성과 노인이 자신의 본질로 받아들이는 과정이 순탄하게 진행되기란 절대 불가능하다. 존재론적 차원에서 이루어지는 주체로서의 자기 인식과 사회가 강제한 타자로서의 자기 인식이 충돌하면서 발생하게 될 온갖 모순과 혼란이 이들을 덮칠 것이기 때문이다. 물론 개인은 자신의 자유를 압도할 정도로 강력한 힘을 발휘하는 억압적 상황에 처해, 본인의 의사와 무관하게 사회가 강요하는 타자성을 자신의 본질에 해당하는 것으로 끝끝내 받아들일 수밖에 없다. 그러나 그렇게 되기까지 개인은 엄청난 내적 갈등과 위기의 소용돌이에 계속해서 휘말릴 수밖에 없다. 보부아르는 여성과 노인의 체험이 바로 이러한 복잡다단한 경험을 표현하고 있다고 보았다.

이와 관련해 여성의 성적 경험에 대한 보부아르의 사유는 특히 주목할 만하다. 보부아르에 따르면 몸과 몸의 만남을 통해 이루어지는 성적 경험은 실존을 둘러싸고 있는 사회적 조건에 따라 개개인이 몸과 맺고 있는 관계가 달라지는 만큼 각기 다른 의미와 양상을 지니게 된다. 가부장제 사회 속에서 타자로 살아가도록 강요받는 여성에게는 성적 경험이 개별적 주체로 살아갈 수 있는 가능성을 그나마 지니고 있었던 "과거와의 단절" 혹은 절대적 타자로의 전락을 초래한 "새로운 사건"으로 경험되듯 말이다(Beauvoir, 1949/1986: 146). 그에 따라 여성에게 성적 경험은 내재성을 상징하는 것으로 자기 몸을 재인식하는 계기이자, 타인이 가하는 폭력으로 말미암아 그러한 몸으로 전락하는 수치스러운 체험으로 다가오기 십상이다(Beauvoir, 1949/1986: 158). 즉 가부장제 사회 속 여성에게 성적 경험은 타자로 살아갈 수밖에 없는 현실 세계로의 폭력적 진입을 의미할 확률이 높다.

남성과 여성의 성적 경험이 보이는 특성 역시 차이가 있었다. 전자가 능동성으로 특징지어진다면, 후자는 수동성을 핵심적 특징으로 한다. 보부아르에 따르면 여성의 성적 경험을 특징짓는 수동성은 성적 경험이 이루어지는 과정 중 대부분 여성을 마조히스트적(masochiste) 태도를 취하도록 만들고는 한다. 보부아르는 사르트르가 마조히즘을 자신의 대상적 측면을 가지고 타인이 아닌 스스로를 유혹하려 하는 시도로 규정한 입장에 기본적으로 동의하되, 한 걸음 더 나아가 여성의 마조히즘이 지닌 특수한 의미를 밝히는 데까지 논의를 발전시킨다. 보부아르에 따르면 여성의 마조히즘은 남성의 먹이로 자신을 바쳐야만 하는 상황 속에서 자신의 주체성을 포기했다는 죄책감으로 말미암아 성적 쾌락의 주체가 되는 것을 스스로 금하는, 일종의 "자기 보복(se venge contre soi-même)"적 성격을 지닌다 (Beauvoir, 1949/1986: 188). 따라서 여성의 마조히즘은 결코 성적 쾌락을 추구하는 과정에서 여성이 취하는 본래적 태도도, 남성에 대한 순종의 표현도 아니다. 여성의 마조히즘은 타자로서의 상황 속에서 그가 내린 실존적 선택의 결과로, 주체성을 포기한 자신에게는 쾌락을 금하는 방식으로 그리고 상대 남성에게는 쾌락의 제공자가 될 수 있는 기회를 박탈하는 방식으로 자기 자신과 상대방 모두에게 취하는 반항으로 볼 수 있다(Beauvoir, 1949/1986: 187-188).

이렇듯 보부아르는 여성의 성적 경험을 들여다봄으로써 주어진 상황과 한 개인의 주체적 선택 가능성이 서로 불일치할 때, 그 개인이 이러한 불일치를 인식하고 있을 때 겪게 되는 갈등으로 점철된 개인의 내면을 형상화하려 한다. 이 덕분에 보부아르의 글을 읽는 독자는 한 사회가 누군가 혹은 어느 집단에 관해 줄곧 떠들어 대는 와중에 늘 침묵 속에 묻어 두기만 했던 타자의 진짜 얼굴과 마주하고, 사회가 양산해 온 담론의 기만성과 허구성을 직접 발견할 수 있는 기회를 얻는다. 이들의 체험을 이해함으로써 이들이 처한 현실이 지닌 실체를 더 정확히 파악할 수 있게 되는 것이다.

상생의 계기

보부아르에 따르면 체험을 이해하는 일은 비단 한 개인의 상황을 파악하는 것만 가능케 하는 데 그치지 않는다. 그것은 인간 존재들 간의 상생을 가능케 하는 원동력으로 작용하기도 한다. 타인의 처지를 이해하는 그 순간 타인을 연민

함으로써 나와 타인이 상호적 관계를 맺고 있음을 재인식할 수 있는 가능성이 열리기 시작하기 때문이다.

이때 '연민'이란 '함께 고통스러워하다'라는 의미를 지닌 라틴어 'compati'를 어원으로 둔 'compassion'이라는 프랑스어의 번역어다. 자크 데리다(Jacques Derrida)식 구분에 입각하면, 연민은 동정(pitié)이나 감정이입(empathie)과 다른 개념이라 할 수 있다. 연민은 동정이나 감정이입과 달리 감정을 느끼는 수준에서 그치지 않고 거기서 몇 걸음 더 나아가, 감정을 느끼는 자에게 타인의 고통을 야기한 원인을 질문하고 이해하는 동시에 그 원인을 제거하기 위해 적극적으로 개입하는 수준으로 나아갈 것을 요한다. 기본적으로 연민에는 내 삶과 타인의 삶이 서로 분리될 수 없는 것이며 인간이 저마다 존재하는 자인 동시에 서로 의지하며 함께 존재하는 자에 해당한다는 인식이 강하게 전제되어 있기 때문이다. 따라서 연민은 "상호의존성의 가치"에 근거하고 있다고 볼 수 있다(강남순, 2022: 272-276). 동물이 연민을 "잠재적 능력"의 상태로만 가지고 있을 뿐 연민을 일깨워 자기 밖으로 열리는 체험을 하지 못하는 탓에 "고독" 속에 갇혀 있는 것과 달리, 인간은 연민의 방식으로 "있는 그대로의 타자의 고통"과 "고통에서 죽음으로의 이동"을 상상함으로써 타자와 열린 관계를 맺을 수 있다(Derrida,

1967: 265).

보부아르는 타인의 체험을 이해한다는 것을 정확히 이러한 맥락과 맞닿아 있는 것으로 간주한다. 보부아르가 체험에 관해 이러한 관점을 지니고 있었음을 가장 명시적으로 드러내 보이는 결과물은 돌아가신 어머니를 애도하기 위해 쓴 자전적 에세이인 ≪아주 편안한 죽음(Une mort très douce)≫(1964)이다. 어머니가 낙상으로 병원에 입원하고 끝내 돌아가시기까지 약 6주 간의 투병을 기록한 내용을 골자로 하는 이 글을 집필하면서 보부아르가 우선적으로 목표한 것은 어머니에 대한 애도다. 이를 위해 우선 보부아르는 그동안 그 누구도, 심지어 자식마저도 별다른 관심을 보이지 않았던 어머니의 삶을 무관심과 망각의 늪에서 끌어올려 나름의 역사를 지닌 주체적 개인의 삶으로 재현해 선보이는 전략을 구사한다. 아울러 보부아르는 여기서 한 발짝 더 나아가, 자기 기원에 해당하는 어머니와의 화해를 또 다른 목표로 설정한다. 이 두 가지 목표에 이르는 과정에서 가장 주된 원동력으로 작용하고 있는 것이 어머니의 체험 공유다.

보부아르는 청소년기를 전후로 기독교적이면서 부르주아적이고 가부장적이기도 한 가치를 일방적으로 주입하려 하는 어머니를 억압적인 존재로 인식했다. 그 결과 모녀는 갈등 관계를 맺게 되고, 그러한 관계의 양상은 어머니가 낙상을 입어 입원하기 전까지 지속된다. 하지만 어머니의 입원으로 어쩔 수 없이 그 곁을 지키게 된 것이 최초의 계기가 되어, 보부아르는 어머니에 대해 느끼던 심리적 거리감을 서서히 좁혀 나가기 시작한다. 이때 이를 가능케 한 주된 원동력은 어머니의 병든 육체와 대면하면서 보부아르가 품게 된, 어머니의 육체적 고통을 향한 연민의 감정이다.

"마구 만지고 마음대로 다루는 전문가들의 손길에 내맡겨진, 의지할 데라고는 하나 없는 가련한 몸뚱이"와 (Beauvoir, 1964: 29) 처음으로 대면하게 된 경험은, 보부아르의 머릿속에 오랫동안 자리 잡고 있던 어머니에 대한 추상적 고정 관념을 몰아내고 그를 새로운 관점에서 바라보게 하는 계기로 작용한다. 또한 이는 보부아르로 하여금 어머니를 부정적으로만 바라보았던 자신을 반성적으로 성찰하게 이끌기도 한다. 더 나아가 어머니의 죽음이 멀지 않았음을 실감케 함으로써, 죽음을 목전에 둔 어머니의 고통을 연민하고 어머니가 홀로 외로이 벌이고 있는 죽음에 맞선 투쟁에 동참하도록 보부아르를 이끈다. 그에 따라 보부아르는 어머니의 병세가 악화될수록 병상에 누워 꼼짝 못하게 된 상황에서도 무력함과 죽음을 물리치려 분투하고 있는 이 환자와 연대하는 '동지'이자, 한 인간을 절대적 고독 속으로 몰아넣는 죽음의 어두운 그림자에서 어머니를 지켜 내려 하는 '보호자' 역할을 더욱더 적극적으로 자처하게 된다. 이러한 연대의 결과 보부아르가 "내 진짜 생활은 엄마 곁에서 이루어지고 있었고, 엄마를 지키는 것, 그것만이 내 유일한 목표였다"라고 생각할 만큼(Beauvoir, 1964: 112), 더 나아가 "나는 죽음을 거부하고 죽음에 맞서 싸우던 엄마와 세포 구석구석까지 연결되어 있었다"라고 단언할 정도로(Beauvoir, 1964: 163) 어머니를 향해 그가 느끼는 유대감은 강화되어 간다. 그 덕분에 두 사람이 서로에게 품고 있던 오래된 원망의 감정은 해소되고, 오랫동안 잊고 살았던 서로를 향한 애정이 되살아나기에 이른다.

보부아르에게 체험을 공유함으로써 이루어진 어머니와의 화해는 자기 기원과의 화해를 의미한다. 그렇기에 이는 곧 그 기원에서 기인한 자기 정체성의 한 부분, 즉 여성으로서 정체성과의 화해를 의미하기도 한다. 어린 '시몬'은 가부장제에 입각한 부르주아 세계가 규정해 온 여성성, 즉 열등하고 무능력하고 수동적이고 순종적인 여성성을 대변하는 부정적 존재로 어머니를 인식해 왔다. 반면 아버지가 겸비했던 교양과 지식에 대한 동경에 입각해 작가로서 소명 의식을 키워 나가기 시작한 탓에, 아버지로 대변되는 남성적 세계는 작가라는 창조적 세계와 동일한 것으로 치

부했다. 그에 따라 아버지의 권위에 순종적이었던 어머니가 대변하는 여성적 세계를 창조성이 결여된 세계이자 수동성으로 점철된 세계, 그렇기에 반드시 벗어나야 하는 부정적 세계로 보는 보부아르의 관점 역시 시간이 지날수록 더더욱 강화되고 만다. 그 결과 보부아르는 성인이 된 이후로도 한참동안 어머니는 물론 자기 기원의 일부를 이루는 여성적 세계를 향해 계속 거부감을 보여 왔다.

따라서 어머니의 죽음을 계기로 보부아르가 이루어 낸 어머니와의 화해는, 어머니로 대변되는 여성적 세계와의 화해를 의미한다. 우리는 이러한 사실을 죽어 가는 어머니를 대신해 그의 지난 모든 삶을 돌이켜 보는 보부아르의 시선 속에서 확인할 수 있다. 어머니의 과거를 되돌아보는 작가의 시선 속에서 예전에 그가 어머니를 향해 표출하고는 했던 거부감이나 적개심은 더 이상 찾아볼 수 없다. 그 대신 보부아르는 딸의 입장에서, 그리고 무엇보다 같은 여성의 입장에서, 어머니가 가부장제 사회 속에서 타자로서 평생 동안 감내해야 했을 억압의 경험들을 이해하고 공감하려는 의지를 피력한다.

다음 구문은 어머니가 돌아가시고 난 뒤, 열여덟 살 무렵의 자신과 마흔 줄에 접어든 어머니의 모습이 담긴 사진을 들여다보는 노년의 보부아르의 시선을 그리고 있다.

이 구문은 체험의 공유를 거쳐 어머니와 자신을 더는 분리된 존재가 아니라 서로 긴밀하게 연결된 존재로 인식하기에 이른 보부아르의 내면을 잘 보여 준다.

> 엄마와 나의 모습이 담긴, 비슷한 무렵에 찍은 두 장의 사진을 들여다본다. 나는 열여덟 살이고 엄마는 사십대에 접어들고 있던 때의 모습이다.
> 지금의 나는 엄마의 어머니, 즉 슬픈 눈을 하고 있는 이 소녀의 할머니뻘이 됨 직하다. 너무나 어려 아무것도 모르고 있는 나와, 이제는 미래가 가로막혀 버린, 그리고 아무것도 모른 채 살았던 엄마. 사진 속 이 두 여자에게 나는 연민을 느낀다. 하지만 그들에게 조언을 해 줄 길이 없다. 딸을 불행하게 하고 그 대가로 자기 자신조차 고통스럽게 만들었던 자신의 어린 시절의 불행을 엄마가 잊을 수 있게 할 방도를 나는 알지 못했다.(Beauvoir, 1964: 160)

어린 자신과 중년의 어머니 그리고 이들을 바라보고 있는 현재의 자기 자신을 교차적으로 바라보고 있는 보부아르의 연민 어린 시선은 그가 자신과 어머니를, 나아가 같은 체험을 공유한 다른 모든 여성을 가부장제 속 타자라는 공동의 정체성 속에서 하나로 묶어 내고 있다는 사실을 충분히 짐작게 한다. 이로써 보부아르는 체험의 공유가 내포하는 상생의 가능성을 문학을 통해 우회적으로 가시화한다.

참고문헌

강남순(2022). ≪데리다와의 데이트: 나는 애도한다, 고로 존재한다≫. 행성B.

Beauvoir, S. de(1949/1986). *Le Deuxième sexe II: L'expérience vécue*. Gallimard.

Beauvoir, S. de(1964). *Une Mort très douce*. Gallimard.

Derrida, J.(1967). *De la Grammatologie*. Minuit.

09
철학과 문학

보부아르에 따르면 모든 인간은 저마다의 방식으로 형이상학적으로 존재하고 있으며 자기만의 관점에서 형이상학적 현실을 이해하고 있다. 즉 인간으로 존재하는 한 모든 인간은 자기만의 방식으로 형이상학을 하고 있다. 그렇기에 형이상학적 진실은 그 자체로 애매하다고 할 수 있으며, 이러한 진실을 표현하기에 적합한 방식은 오히려 문학적 방식이라 할 수 있다. 이러한 맥락에서 보부아르는 실존주의 사유 내에서 철학과 문학은 근본적으로 구분되는 것이 아니며, 형이상학 문학이야말로 실존의 진실을 가장 실존주의적으로 그릴 수 있는 이상적인 표현 방식에 해당한다고 주장한다.

문학 대 형이상학?

보부아르는 사람들이 자신을 철학자 혹은 페미니스트이기 이전에 우선적으로는 문학을 하는 작가로 인식해 주길 바랐으며, 스스로를 "단연코 작가"로 규정한 바 있다. 그렇다면 보부아르는 문학을 한다는 것을 어떤 의미를 지닌 행위로 받아들였을까? 문학을 한다는 것은 철학을 한다는 것과 근본적으로 다른 행위로 인식되었을까?

보부아르에 따르면 실존주의 사유 속에서 철학과 문학은 근본적으로 구분되지 않는다. 보부아르는 이들이 맺고 있는 관계에 대한 고찰을 담은 "문학과 형이상학(Littérature et métaphysique)"(1946)이라는 글에서 존재의 근본을 논하는 철학, 즉 형이상학이 문학의 영역에 개입하는 것을 경계하면서 둘 사이를 철저히 구분 짓는 동시에 순수 문학에 훼손을 가하는 결과물로 형이상학 문학을 간주하는 흐름에 맞선다. 아울러 실존주의 사유 안에서 문학과 형이상학이 맺는 관계를 재고해야 한다는 주장을 개진한다.

보부아르에 따르면 우선 형이상학은 철학자가 지닌 사상을 명료한 명제로 제시하고 그에 대한 독자의 동의를 촉구하는 결과물이라는 점에서 문학과 결정적으로 다르다고 할 수 있다. 문학은 삶이 지닌 본연의 "불투명성,

애매성, 중립성"의 재현을 목적으로 삼는 허구다(Beauvoir, 1946/2007: 72-73). 이러한 의미에서 "진정한 소설"이란 "그 어떤 격언으로도 환원될 수 없고" 마치 "미소를 얼굴에서 분리해 낼 수 없는 것과 마찬가지로" 그것이 지닌 의미를 아직은 분리해서 설명해 낼 수 없는, 애매하기 그지없는 실존 현실을 명제화하기 전의 상태로 전하려는 시도의 산물이라고 할 수 있다(Beauvoir, 1946/2007: 73).

형이상학이 문학의 영역에 개입하는 것을 반대하는 논지는 기본적으로 이 '진정한 소설' 개념에서 비롯한다. 보부아르에 따르면 그 논지는 크게 세 가지로 요약된다. 첫째, 명료한 사상과 주장 혹은 이론을 제시하는 것을 목적으로 하는 형이상학의 개입으로 말미암아 문학이 허구로서 발휘할 수 있는, 실존의 애매성에 대한 생생한 재현 효과가 소멸하고 말 것이라는 우려에 입각한 반대가 있다. 그러나 보부아르에 따르면 작가가 기교를 잘 부리기만 한다면 이미 명제화된 사상을 주입하려는 의도를 제대로 감출 수 있으므로 이 반대 논지는 쉽사리 반박될 수 있다.

둘째, 그런데 작가가 자신의 의도를 감추는 기교를 제대로 구사한다 하더라도 독자가 문학적 허구에서 바라는 바를 제대로 채워 주지 못할 수 있다. 보부아르에 따르면 독자는 현실 경험이 지닌 지나치게 좁은 한계를 상상을 통해 넘어서는 계기를 문학이 제공해 주길 바란다. 따라서 문학 작가는 단순히 독자를 속일 수 있는 기교를 연마하는 데 몰두할 것이 아니라 이러한 초월의 경험으로 독자를 초대할 수 있어야 한다. 더 나아가 작가 본인 또한 자신이 창조한 허구의 세계 속에서 자기 스스로를 넘어서는 경험을 할 수 있어야만 한다. 즉 작가 본인이 "애초의 생각 위로 솟아오르면서 예상치 못한 문제와 급격한 전개, 추이를 시사하는 어떤 의미를 그 안에서 발견할 정도로 자신의 창작물에 스스로를 내맡겨야만" 독자 또한 그가 제안하는 창작물에 본인을 내맡길 수 있다(Beauvoir, 1946/2007: 76). 그 결과 문학에는 작가 본인조차 명확히 설명할 수 없는 실존의 의미가 담기며, 작가와 독자는 모두 저마다의 관점에서 그 의미를 파악하게 될 것이다.

보부아르에 따르면 독자와 작가 모두가 새로운 무언가를 발견하는 생생한 경험을 할 수 있을 때에만 문학은 진정한 "가치와 존엄성"을 지닐 수 있게 된다(Beauvoir, 1946/2007: 75). 문학 속에 명료한 사상을 집어넣으려는 의도는 기교의 도움을 빌려 감출 수 있을지언정, 초월의 경험을 낳는 허구적 세계를 기교만으로 창조해 내기란 절대 불가능하다. 즉 "진정으로 위대한 작품과 그냥 능숙하기만 한 작품"은 다를 수밖에 없다(Beauvoir, 1946/2007: 76).

따라서 어느 작품이 형이상학 문학이라고 해서 그 자체로 문제가 되는 것은 아니다. 그것이 초월의 경험을 창조해 내는 위대한 작품이 아니라 그저 능숙하기만 한 작품에 불과할 때 문제가 발생한다.

그러나 이것만으로는 형이상학의 개입을 반대하는 목소리를 완전히 잠재울 수 없다. 셋째, 철학의 고유한 표현 방식이 문학과 만나면 문학의 자유로운 전개와 표현 방식이 훼손될 수밖에 없다는 우려가 제기될 수 있다. 보부아르는 바로 이 주장을 반박하는 과정에서 실존주의 사유 속에서 형이상학과 문학이 근본적으로 구분되는 것은 아니라고 보았던 자신의 관점을 비로소 구체적으로 설명한다.

형이상학 문학

보부아르에 따르면 이상의 주장은 형이상학을 그 자체로 완결된 체제로 간주하는 데서 비롯한다. 철학을 완결된 체제로 여기는 관점이, 그 닫힌 체제를 표현하는 방식이 애매성으로 특징지어지는 실존의 열린 세계를 그리는 방식과 절대로 어우러질 수 없다고 보는 관점을 낳기 때문이다.

그러나 실존의 애매성을 드러내는 데 주력했던 보부아

르에게 형이상학을 한다는 것은 자신의 사유에 닫힌 체계를 부여하는 것을 의미하지 않았다. 보부아르는 실존에 관한 자신의 모든 글이 독자와의 논쟁을 여는, 타인의 자유를 향한 호소가 되길 바랐다. 보부아르가 철학자가 아니라 작가로 불리길 원했던 것은 바로 이 때문이다. 철학에 대한 보부아르의 이러한 입장은 표현 방식의 차이를 근거로 형이상학의 개입을 반대하는 논지에 반박하는 과정에서 다시 한번 가시화한다.

보부아르에 따르면 형이상학을 한다는 것은 하나의 체계를 구축한다는 것을 의미하는 대신 "형이상학적으로 존재하는 것"이자 "형이상학적 태도를 자기 안에서 실행하는 것"을 의미한다(Beauvoir, 1946/2007: 78). '세계 안'에 존재하는 '자유'에 해당하는 인간은 보편성과 주관성을 동시에 경험하며 살기 마련이다. 따라서 인간으로 존재하는 한 모든 인간은 보편성을 지속적으로 염두에 둔 상태로, 자기 자신을 어떤 윤곽을 지닌 개별적 존재로 직접 생성해 나가야만 한다. 이렇듯 보편성과 개별성 모두를 총체적으로 고려해 스스로를 만들어 나가는 것이 바로 보부아르가 말하는 "형이상학적으로 존재하는 것", "형이상학적 태도를 자기 안에서 실행하는 것"이라는 표현이 의미하는 바다. 즉 보부아르는 인간으로 존재하는 한 모든 인간이 형이상학을 하고 있으며, "형이상학적 현실에 대한 본래의 이해"를 지니고 있다고 여긴다(Beauvoir, 1946/2007: 79).

보부아르에 따르면 형이상학적 현실에 대한 본래의 이해를 진술하는 방식은 크게 두 가지로 나뉜다. 첫째, 이해한 내용이 지닌 보편적 의미를 추상적 언어를 사용해 진술하는 방식이 있다. 형이상학에 관한 이론적 체계를 세우려는 시도가 그 대표적 사례다. 둘째, 형이상학적 경험이 지닌 주관적이고 개별적인 의미를 붙들려는 시도의 차원에서 택해지는 방식이 있다. 이 진술 방식은 개개인이 저마다의 개별성 속에서 본래적으로 이해한 형이상학적 현실을 그리는 것을 목표로 한다. 그 대표적 사례가 바로 소설이라는 문학적 허구다.

형이상학을 한다는 것이 의미하는 바를 형이상학적 태도를 자기 안에서 실행하는 것으로 보았던 보부아르로서는 이 중 후자의 방식을 더 중시할 수밖에 없었을 것이다. 다음 대목은 보부아르가 이러한 입장을 지니고 있었음을 명확히 보여 준다.

> 오늘날 실존주의 사유가 이론적 논설보다는 상상의 이야기를 통해 표현되는 경향을 보이는 것은 우연이 아니다. 객관적인 것과 주관적인 것, 절대적인 것과 상대적인 것, 초시간

적인 것과 역사적인 것을 아우르기 위한 노력이 실존주의 사유이기 때문이다. 실존주의 사유는 실존의 중심에서 본질을 포착하려 한다. 본질을 서술하는 것이 본래의 의미에서의 철학이라면, 오직 소설만이 본질이 지니고 있는 전적이면서 개별적이고 시간성을 지닌 진실 속에서 실존의 본래적 분출을 그려 낼 수 있을 것이다. 이때 작가에게 주어진 관건은 철학의 차원에서 미리 정립된 진실을 문학의 차원에서 이용하는 것이 아니라, 달리 표현될 수 없는 형이상학적 경험의 어떤 면모를 드러내는 것이다. 그 경험이 지닌 주관적이고 개별적이면서 극적인 특성을 비롯해 그 애매한 성격을 말이다. 현실은 단지 머리로만 파악되는 것이 아니기에 그 어떤 지적인 서술로도 그 현실을 제대로 표현해 내기란 불가능하다. 사유로 만들어지기 전에 행위와 감정으로 존재하는 관계, 그 살아 있는 관계 속에서 현실이 있는 그대로 드러나도록 온전한 상태로 제시하려 애써야 한다.(Beauvoir, 1946/2007: 81)

실존주의는 보편성과 개별성을 아우르는 것을 목표로 한 사유로 규정된다. 물론 실존주의만이 이러한 목표를 추구하는 것은 아니다. 하지만 보부아르에 따르면 실존주의는 그 목표에 이르기 위해 택한 방식의 측면에서 기존의 철학과 차별화된다. 실존주의는 기존의 철학이 개별적 진실에 대한 고려 없이 보편적 진실을 논하면서도 자신들이 논하는 보편적 진실이 그 자체로 개별적 진실을 아우르고 있다며 자신만만해 하는 것과 달리, 실존의 "전적"인 진실은 오히려 개별적 진실이며 그 진실을 제대로 그려 낼 때에만 실존의 가장 "본래적" 면모 즉 "애매성"을 드러낼 수 있다고 본다는 점에서 다른 철학과 차별화를 이루어 낸다. 아울러 지적인 접근과 설명 방식으로는 실존의 애매성을 온전히 표현할 수 없다는 인식 아래, 사유로 가공되기 이전의 살아 있는 모습 그대로 애매한 실존 현실을 그려 내려 한다는 점에서도 기존 철학과 다르다. 형이상학적 현실에 대한 이해를 진술하는 두 가지 방식 중 실존주의가 기본적으로 선택할 수밖에 없는 진술 방식이 후자일 수밖에 없다고 보부아르가 주장하는 것은 이 때문이다. 따라서 보부아르에 따르면 적어도 실존주의에서 형이상학적 요구와 문학적 요구는 결코 양립 불가능하지 않으며, 이들의 양립이 전자에 대한 후자의 순응을 전제로 하지도 않는다. 실존주의에서 형이상학적 요구는 오히려 문학적 요구를 통해서만 충족될 수 있다고 여겨진다. 궁극적으로 지향해야 마땅한 형이상학적 사유의 우선적 표현 방식으로 문학적인 것을 내세우고 있는 셈이다.

이것이 바로 실존주의자 보부아르가 실존의 본질과 실

존의 현실 모두를 가장 '실존주의답게' 그릴 수 있는 이상적 표현 방식의 하나로 형이상학 문학을 받아들인 이유다. 즉 보부아르는 형이상학 문학을 문학의 "위험한 일탈"이 낳은 문제적 결과물이기는커녕 "세계의 총체성과의 관계 속에서 인간과 인간적인 사건을" 파악할 수 있는 가능성을 독자와 작가 모두에게 제시하는 "가장 훌륭한 완성" 단계에 이른 문학의 한 형태로 간주한다(Beauvoir, 1946/2007: 84).

참고문헌

Beauvoir, S. de(1946/2007). Littérature et métaphysique. *L'existentialisme et la sagesse des nations*, pp. 71-84. Gallimard.

10
철학과 현실

보부아르의 철학은 그 자신이 처했던 현실을 토대로 태동했다. 또한 보부아르는 자기 철학의 완성도를 한층 더 높일 가능성 역시 현실에서 찾으려 했다. 실존주의는 현실과 관련성을 지닐 때에만 진정한 윤리론으로서 자격을 얻을 수 있다고 보았다. 따라서 보부아르가 작가 인생의 후반부를 참여 지식인으로서 다양한 행보로 채워 나간 것은 자연스러운 귀결이라고 할 수 있다. 실존의 딜레마를 직접 경험했고 그 경험을 토대로 실존을 사유했으며, 그렇게 탄생시킨 철학을 세상을 바꿀 수 있는 자양분으로 삼으려 노력했던 보부아르라는 한 실존주의자의 초상이 이로써 완성되기에 이른다.

사유의 토대로서 현실

보부아르에게 실존은 사유의 대상이기 전에 경험의 대상이었다. 가부장제 사회에서 여성으로 태어나 마주하게 된 타자로서 상황이 보부아르로 하여금 이미 어린 시절부터 '자유'와 '상황' 사이의 충돌을 경험하고 그로 인한 고민에 휩싸이게 했기 때문이다. 보부아르가 생애 가운데 유일하게 어느 정도 안정감을 느끼며 살았던 시기라고 할 수 있는 유년기마저도 그에게는 한 개인으로서 지니고 있던 능력과 바람과는 무관하게 무조건적 순응을 요구하는 지시 사항의 강요가 넘쳐나던 시기로 기억된다. 여성의 주체적 욕망을 죄악시하고 억압하려는 가부장제의 성차별주의 논리가 만들어 낸 지시 사항의 강력한 지배하에 놓인 시기로 말이다.

이 시기 동안 특히 자신의 어머니가 품고 있던 모순적 욕망, 그리고 그로 인해 어머니가 겪어야 했던 내적 갈등을 지켜보면서 보부아르는 스스로에게 다음과 같은 질문을 던지면서 자유와 상황이 맺고 있는 관계를 고민하기 시작했다. "타인에게 헌신하는 삶을 살고 싶은 마음과 나를 위해 살고 싶은 마음, 이 상충하는 욕망을 어떻게 해결할 것인가."(Kirkpatrick, 2019/2021: 65) 보부아르의 유년기는 타인을 위한 희생이야말로 여성이 행할 수 있는 최고의 미덕에 해당한다는 가부장제 논리가 강력한 영향력을 발휘하던 시기였다. 보부아르의 어머니는 평생에 걸쳐 이러한 논리를 주입받으며 살아 온, 가부장제의 대표적 희생자였다. 그는 남편과 자식을 위해 자기 자신을 잊은 채 사는 것을 고귀한 사명으로 여기며 살았다. 하지만 인간으로 태어나고 인간으로 살아가는 이상 그의 마음 한편에는 자유로운 초월의 주체로 살고 싶은 욕망이 자리 잡고 있었다. 그에 따라 그는 "헌신의 위대함을 믿으면서도, 좋아하는 것과 싫어하는 것에 대한 자신만의 견해 그리고 억제할 수 없는 욕망 역시 지니고 있어서 부당한 대우를 받는 것을 견디지 못하는" 모순적 모습을 자주 보이곤 한다(Beauvoir, 1964: 53-54). 보부아르는 어머니의 이 모순 속에서 발견한 자유와 상황 간의 충돌 양상이 여성으로서 삶과 창조적 주체로서 삶 사이의 충돌로 특징지어지는 자신의 삶 속에서 다시 한번 가시화하는 것을 목도한다. 이 충돌에 대한 경험과 인식은 제2차 세계대전의 발발과 더불어 최고조에 달한다.

사유의 완성으로서 현실

'상황 속에 놓인 자유'로서 인간의 실존에 관한 사유로 요약될 수 있는 보부아르의 철학은 이렇듯 보부아르 본인이 처했던 현실을 토대로 태동했다. 그런데 보부아르는 여기서 한 걸음 더 나아가 자신의 철학이 한층 더 완성된 수준으로 올라설 수 있는 가능성 또한 자신의 현실 속에서 찾으려 했다. 철학은 자신이 속한 세상을 더 나은 것으로 만들 수 있는 정치적 힘을 지닐 때에만 그 사명을 완수하게 된다고 보았기 때문이다.

일례로 보부아르는 초기에 집필한 철학 에세이 ≪애매성의 윤리를 위하여≫를 발표하고 나서 약 20년이 흘렀을 무렵, 이 에세이가 헤겔보다 "더 자의적이고 추상적인" 방식으로 이론을 기술하는 데 그쳤다고 하면서 자신을 가장 짜증나게 하는 결과물로 꼽았다(Beauvoir, 1963: 79-80). 그러면서 "사회적 맥락"과 같은 현실 층위와의 연결 고리를 전연 제시하지 않은 채 윤리적 실존을 가능케 하는 "객관적인 조건"만을 나열하는 실수를 저질렀다고 실토하면서, 현실과 상호보완적 관계 속에 놓인 철학을 이상적인 것으로 간주하는 관점을 피력한 바 있다(Beauvoir, 1963: 80). 보부아르가 이후에 발표한 ≪제2의 성≫과 ≪노년≫에서 여성과 노인이라는 실제 사례를 통해 윤리적 실존의 원리에 관한 논의에 구체성을 더하려 한 것은 앞선 실수를 반복하지 않으려는 노력의 산물이라고 볼 수 있다.

보부아르의 이러한 입장은 1945년에 정치·문학·철학 잡지 ≪레탕모데른(Les Temps Modernes)≫을 통해 발표한 "윤리적 이상주의와 정치적 현실주의(Idéalisme moral et réalisme politique)"라는 글 속에 특히 잘 담겨 있다. 이 글에서 보부아르는 순수한 윤리 원칙과 현실 정치를 서로 대립 관계에 놓인 것으로 간주해 온 오래된 이원론을 비판하고, 이 둘의 관계를 상호보완적인 것으로 재설정해야 한다는 주장을 펼친다. 보부아르의 실존주의가 곧 실존의 윤리에 관한 사유임으로 미루어 볼 때, 여기서 말하는 윤리적 이상주의는 보부아르의 철학적 사유가 추구하는 바 그 자체를 의미한다고 볼 수 있다. 따라서 이 글을 철학과 현실이 상호보완적 관계를 맺고 있다는 주장을 담고 있는 것이라고 봐도 무방하리라.

보부아르에 따르면 진정한 윤리는 "이미 구성된 가치와 원리의 집합체"가 아니라 가치와 원리를 "구성해 가는 움직임(le mouvement constituant)"에 해당한다(Beauvoir, 1945/2007: 63). 애매성이야말로 실존의 가장 본질적 특성에 해당한다고 할 때, 그 어떠한 미래도 고정불변의 상태로 주어질 수는 없다고 보아야 한다. 그렇기에 우리는 미래에 대해 결정적 확신을 지닐 수 없으며, 오직 현재 자신이 직접 설정·실천하고 있는 기투에 입각해서만 미래의 모습을 가늠할 수 있을 뿐이다. 따라서 매 순간 우리는 앞서 직접 설정한 목표의 정당성을 현재의 관점에서 비판적으로 질문하기를 멈추어서는 안 된다. 아울러 현재의 필요에 입각해서만 미래를 재검토하려는 자세 또한 지양하고, 과거와 현재 그리고 미래를 종합적으로 고려하면서 수단과 목표를 끊임없이 재설정하려 노력해야만 한다.

보부아르에 따르면 현재에 대한 고려가 정치의 영역에 해당한다면 미래에 대한 고려는 윤리의 영역에 속한다. 따라서 "기투의 통일성 속에서 현재와 미래는 한곳에 모이게 된다"는 보부아르의 발언은(Beauvoir, 1945/2007: 62), 현실과 윤리 혹은 현실과 철학의 관계를 상호보완적인 것으로 재설정해야 한다는 입장을 담은 표현에 해당한다고 할 수 있다. 보부아르는 바로 이러한 입장 아래 윤리의 진정한 면모를 다음과 같이 규정한다.

> 윤리적이라 함은 자신의 존재를 정당화하고자, 우리의 우연한 실존이 필연적인 상태로 옮아갈 수 있도록 애쓰는 것이다. 그런데 인간 존재는 "세계 내 존재"에 해당한다. 인간은 자신

이 살아가는 세계와 단단히 연결되어 있으며, 그 세계 없이는 실존할 수도, 스스로를 규정할 수도 없다는 말이다. 그리고 인간은 행동을 통해 그 세계와 연결되며, 그가 정당화해야 하는 것은 바로 그 행위다.… 따라서 윤리란 … 구체적 행위 그 자체 외에는 아무것도 아니다. 그 행위가 애써 정당화되고 있는 한 말이다. 고로 진정한 윤리는 현실주의적이며, 그러한 윤리를 통해 인간은 자신이 택한 목적을 실현하면서 스스로를 실현해 나간다.(Beauvoir, 1945/2007: 64-65)

실존주의는 현실과 관련성을 지닐 때에만 실존에 관한 진정한 윤리론으로서 자격을 얻을 수 있다고 보았던 보부아르의 이러한 신념은, 세상을 바꾸기 위해 실질적으로 투쟁하는 참여의 길로 자연스레 그를 이끈다. 이로써 드디어 우리가 익히 알고 있는 '참여 지식인'이자 '페미니스트'로서 보부아르가 탄생한다. 1950년대부터 1960년대 중반까지 보부아르는 자서전 집필에 몰두하면서 자서전 작가로서 진가를 드러내기도 했지만, 이와 동시에 이 기간을 거치면서 참여 지식인으로서 정치적 행보에 본격적으로 뛰어들기도 했다.

실제로 1950년대를 기점으로 보부아르는 중국과 쿠바, 소련 등을 방문해 다양한 사회상을 두 눈으로 직접 관찰하고 그에 관한 기록을 담은 책을 발표했으며, 미군이 베트남에서 저지른 만행을 널리 알리고 규탄하는 운동을 주도한 영국의 철학자 버트런드 러셀(Bertrand Arthur William Russell)이 베트남전쟁에서 일어난 전쟁범죄를 고발할 목적으로 스톡홀름에서 연 모의법정에 사르트르와 함께 참여하기도 했다. 또한 1970년대에 들어서는 1970년대 초반에 시작된 MLF의 젊은 페미니스트 운동가들과 활발히 교류·연대하면서 낙태 합법화 투쟁과 같은 페미니즘 운동에 앞장서는 등 정치 활동에 적극적으로 뛰어들기에 이른다. 보부아르는 그 과정에서 다수의 정치적 글과 발언을 쏟아내면서 작가로서 인생 후반부를 전복적인 정치적 언어 구사 능력을 연마하고 발휘해 나가는 시간으로 채워 나갔다. 이 모든 것은 "세상에 대해 글을 쓰면서 그 세상을 더 낫게 만들기 위해 '행동하지' 않고는 떳떳할 수 없다"는 인식이 낳은 세상에 대한 책임감과, "타인의 삶을 바꿀 힘"이 자신에게 있는 만큼 그 힘을 최대한 활용하겠다는 의지에서 비롯한 행보였다(Kirkpatrick, 2019/2021: 426).

인생 후반부에 보부아르가 택한 페미니스트로서 정치적 행보가, 전과는 완전히 다른 새로운 정체성을 택한 결과에 해당한다고 주장하는 이들이 적지 않다. 이들 가운데 페미니스트야말로 보부아르의 진정한 정체성에 해당한다고 보는 이들 또한 적지 않다. 하지만 지금껏 살펴보았듯 작가이자 철학자 그리고 참여 지식인으로서 보부아르가 보여준 다양한 행보는 실존의 딜레마를 직접 경험했고 그러한 경험을 토대로 실존을 사유했으며, 그렇게 탄생시킨 철학을 세상을 바꿀 수 있는 자양분으로 삼으려 노력했던 보부아르라는 한 실존주의자의 초상을 이루는 여러 조각에 해당한다고 보아야 할 것이다.

참고문헌

Beauvoir, S. de(1945/2007). Idéalisme moral et réalisme politique. *L'existentialisme et la sagesse des nations*, pp. 39–69. Gallimard.

Beauvoir, S. de(1963). *La Force des choses*. Gallimard.

Beauvoir, S. de(1964). *Une Mort très douce*. Gallimard.

Kirkpatrick, K.(2019). *Becoming Beauvoir: A Life*. Bloomsbury Academic. 이세진 옮김(2021). ≪보부아르, 여성의 탄생≫. 교양인.

시몬 드 보부아르(Simone de Beauvoir, 1908~1986)

프랑스의 저명한 작가이자 철학가. 20세기 페미니즘 사상과 운동의 물꼬를 틔운 ≪제2의 성≫(1949)의 저자로 특히 널리 알려져 있다. 1929년 당시로서는 최연소로 철학 교수 자격시험에 합격한 후 몇 년 동안 고등학교에서 철학 교사를 지내다가 1940년대 초부터 집필 활동에 전념한 후 1943년에 첫 번째 장편소설 ≪초대받은 여자≫를 출간하면서 작가로 등단한다. 철학 교수 자격시험을 준비하기 위해 소르본대학교에서 철학 수업을 듣던 중 당시 고등사범학교에 다니던 장폴 사르트르를 만났다. 1929년 10월부터 사르트르와 본격적으로 연애하기 시작한 것을 계기로 이후 그가 죽음에 이른 1980년까지 50여 년의 긴 세월 동안 지적 동반자 관계를 긴밀히 유지하면서 프랑스 실존주의를 대표하는 문인이자 사상가로 활발히 활동했다. 다수의 철학 에세이와 소설, 자서전, 희곡 등으로 구성된 다양한 문학 작품을 발표했다. 1965년 한 인터뷰에서 페미니스트로서 정체성을 천명한 이후부터는 페미니즘 운동에 적극 참여하면서 참여 지식인으로서 행보에 본격적으로 뛰어든다. 1986년 4월 14일 78세의 나이로 생을 마감하고 몽파르나스 묘지에 사르트르와 함께 안장된다.

강초롱

서울대학교 불어불문학과와 동 대학원을 졸업했다. 2010년 파리 7대학에서 시몬 드 보부아르의 자서전 문학에 관한 논문으로 불문학 박사 학위를 받았다. 현재 서울대학교 불어불문학과 교수로 있다. 보부아르의 사상과 문학을 분석한 논문으로는 "윤리적 실존주의의 관점에서 본 타인의 살해 의미: 시몬 드 보부아르의 ≪초대받은 여자≫를 중심으로"(2011), "시몬 드 보부아르의 ≪피뤼스와 시네아스≫: 윤리적 실존주의의 밑그림"(2013), "시몬 드 보부아르의 육체에 대한 윤리적 성찰: ≪제2의 성≫을 향한 비판에 대한 재고찰"(2015), "시몬 드 보부아르의 성적 경험 재해석: 존재의 욕망에서 상호적 드러냄의 추구로"(2021), ""사드를 화형에 처해야 하는가?": 사드적 주체를 위한 보부아르의 항변"(2023) 등이 있다. 공저로는 ≪카페 사르트르≫(2014)와 ≪철학, 혁명을 말하다≫(2018) 등이 있으며 번역서로 ≪아주 편안한 죽음≫(2021)과 ≪초대받은 여자≫(2024)가 있다.